GDT Europäischer Naturfotograf des Jahres

Fritz Pölking Preis 2013

GDT Gesellschaft Deutscher Tierfotografen e.V.

Tecklenborg

Inhalt

Geleitwort

der Präsidentin des Bundesamtes für Naturschutz Prof. Dr. Beate Jessel

Wie so vieles, hat sich auch die Fotografie seit ihren Anfängen sehr verändert: Von der Daguerreotypie bis zum digitalen Sensor könnte der Unterschied kaum größer sein. Dagegen scheint der Gegenstand dieses Wettbewerbs, die Natur, vielfach nahezu unverändert über die Zeit hinweg zu bestehen. Doch der Eindruck täuscht. Neben der über lange Zeiträume verlaufenden Evolution, greifen auch wir Menschen ständig in den Naturhaushalt ein, wir verändern ihn, und dies vielfach recht gravierend und kurzfristig.

Durch die Auswirkungen des menschengemachten Klimawandels, die Ausbeutung von Ressourcen, invasive Arten sowie Nähr- und Schadstoffeinträge sind in besonderem Maße auch die Meere und ihre Bewohner betroffen. Für den Meeresnaturschutz ist es dabei sehr wichtig, zu einem nachhaltigen Ausgleich zwischen Schutz und der notwendigen Nutzung dieses Lebensraumes zu kommen.

Ich freue mich daher besonders, dass in diesem Jahr ein Bild aus dem Meer zum Gesamtsieger gekürt wird. Das Foto von Alexander Mustard zeigt aus meiner Sicht ganz deutlich, was das Leben unter Wasser für die meisten Menschen ist: etwas Geheimnisvolles und Unbekanntes. Ich würde mich sehr freuen, wenn die Unterwasserfotografie auch in Zukunft ihren Beitrag dazu leisten kann, uns Menschen einen überaus vielfältigen und faszinierenden, jedoch nur schwer zugänglichen Lebensraum näherzubringen. Einen Lebensraum, der bei weitem nicht hinreichend erforscht, geschweige denn einer breiten Öffentlichkeit bekannt ist.

In diesem Sinne lade ich Sie herzlich ein, sich auch in diesem Jahr wieder an einer Vielzahl einzigartiger Bilder zu erfreuen, die von der Jury dieses hochqualitativen Wettbewerbs der Gesellschaft Deutscher Tierfotografen ausgewählt wurden. Ich persönlich finde, dass die Aufnahmen trotz der vielen unterschiedlichen Motive etwas gemeinsam haben: Sie alle rücken ein einprägsames Bild in unser Bewusstsein und erzählen dabei eine Geschichte, die den Betrachter berührt. Damit sind sie gleichsam Aushängeschild europäischer Naturfotografie und Werbung für den Naturschutz.

Prof. Dr. Beate Jessel
Präsidentin des Bundesamtes für Naturschutz
Schirmherrin des Wettbewerbs

Gesamtsieger
Alexander Mustard – Großbritannien

Spuren in der Nacht

Während mehrerer nächtlicher Tauchgänge konnte ich beobachten, wie Blaurücken-Stachelmakrelen (*Caranx ruber*) über dem Korallenriff jagten. Ich wollte die temporeichen Abläufe dieser Jagd im Bild festhalten, tat mich aber schwer mit der fotografischen Umsetzung. Schließlich entschied ich mich, mit langen Belichtungszeiten zu experimentieren, wobei ich ein Unterwasser-Videolicht verwendete, um die Bewegungen der Fische über dem Riff darzustellen. Die langen geschwungenen Bahnen stellen die Schwimmbewegungen während der Jagd dar, während die etwas schlankeren Spuren zeigen, wo die Makrele langsamer schwamm, um ihre Beute zu verschlingen. Auch die kleineren Bewegungsbahnen ihrer Beutetiere lassen sich auf dem Bild gut erkennen. Es dauerte mehrere Nächte, bis ich endlich eine perfekt belichtete Aufnahme gemacht hatte.

Nikon D700, Nikon 4.0/16-35mm, ISO 400, Stativ, Subal UW-Gehäuse, Sola UW-Lampe

GDT Europäischer Naturfotograf des Jahres 2013

www.amustard.com

Den Preis für den Gesamtsieger stiftet

Canon

Alexander Mustard – Großbritannien

Alexander Mustard (Jg. 1975) lebt in Großbritannien, und ist von Beruf Meeresbiologe, arbeitet aber seit 2004 hauptberuflich als Unterwasserfotograf und Autor.

Seine Fotografien haben zahlreiche Auszeichnungen erhalten, u.a. beim Wettbewerb BBC Wildlife Photographer of the Year und den British Wildlife Photography Awards. Sein neustes Buch Reefs Revealed wurde beim World Festival of Underwater Photography in Frankreich als bestes Buch ausgezeichnet. Seine Bilder werden weltweit in Ausstellungen gezeigt; ein besonderes Highlight stellte dabei die persönliche Präsentation seiner Arbeit bei Königin Elizabeth II. dar.

Mittlerweile hat Alexander mehr als 400 Beiträge veröffentlicht, die in Fachmagazinen aus den Themenbereichen Natur, Tauchen und Fotografie erschienen. Seine Bilder werden außerdem regelmäßig in Zeitungen und Zeitschriften veröffentlicht. Er ist einer der Fotografen des ambitionierten Naturschutz-Fotoprojektes 2020VISION in Großbritannien.

Sein wohl ungewöhnlichstes Projekt war seine Mitwirkung beim Konzeptauto Nissan NV200, das für die Tokyo Motor Show gebaut wurde. Dabei wurde dieses Fahrzeug speziell auf seine Bedürfnisse bei der Arbeit als Unterwasserfotograf abgestimmt. Er ist der Erfinder von Magic Filters, die für die digitale Available-Light-Fotografie unter Wasser entwickelt wurden. Alex Mustard leitet außerdem äußerst nachgefragte Workshops zum Thema Unterwasserfotografie an einigen der schönsten Tauchplätze der Welt.

GDT European Wildlife Photographer of the Year 2013

Alexander Mustard – Great Britain

Alexander Mustard (* 1975), from the UK, trained and worked as a marine biologist, but since 2004 has worked full time as an underwater photographer and author.

His photographs have won many awards including categories in the BBC Wildlife Photographer of the Year and British Wildlife Photography Awards. His most recent book Reefs Revealed won the International Grand Prize for the best book of underwater photographs at the World Festival of Underwater Photography, France. His photographs have been displayed in exhibitions around the world and a particular highlight was personally presenting his work to Queen Elizabeth II.

Alex is a regular contributor to many publications in the marine, wildlife, diving and photographic media, and to date has published more than 400 articles. His images are also regularly featured in other newspapers and magazines around the world. He is one of the photographers working on the 2020VISION conservation photography project in the UK.

One of the most unusual projects Alex has been involved in is Nissan's NV200 concept car built for the Tokyo Motor Show. The car was designed specifically around his needs as an underwater photographer working in the field. He is the inventor of the Magic Filters, filters designed specifically for available light underwater photography with digital cameras. He also runs highly popular underwater photography workshops at top diving destinations around the world.

Night Moves

I watched these bar jacks (*Caranx ruber*) hunting over the coral reefs for several nights and was struggling to capture the energy of the predation. Ultimately, I decided to experiment with long exposures, using an underwater video light to illuminate their trails as they dived down to the reef to feed. You can also see the smaller trails of their prey attempting to evade them. The long swooping trails are dives to catch prey, the more sinuous trails are where the bar jack is swimming slower as it devours the meal. It took several nights work to time an exposure correctly.

Nikon D700, Nikon 4.0/16-35mm, ISO 400, tripod, Subal UW-housing, Sola UW-light

Kommentar der Jury

Wenn man eine Vielzahl von Bildern bewerten muss, werden Originalität und Kreativität, die einem Bild die individuelle Note geben, zu entscheidenden Faktoren. Man mag denken, dass in der Fotografie bereits alles erreicht wurde, alles was jetzt noch kommt seien Wiederholungen und Abbilder. Oder dass Talent nichts mit der digitalen Revolution oder der Demokratisierung der Fotografie zu tun habe. Bei der Naturfotografie endet Originalität da, wo ein Bild nur eine Kopie eines anderen ist. Dabei sollte man auch nicht vergessen, dass es nicht als einfallsreich gelten kann, beim Fotografieren einem Trend zu folgen. Originalität hat auch nichts mit Bokeh oder langen Verschlusszeiten zu tun, ganz im Gegenteil, es geht um die Fähigkeit in einer eigenen Bildsprache zu kommunizieren und Gefühle zu wecken. Sie ist das Ergebnis eines Denkprozesses, der sich im Bild widerspiegelt. Die Fähigkeit zwischen Inspiration und reinem Kopieren unterscheiden zu können, ist daher auch ein wichtiges Mittel, um sich selbst und seinem Publikum gegenüber ehrlich zu bleiben, und zu verstehen, was Talent wirklich bedeutet. Die über die reine Dokumentation hinausgehende Naturfotografie bietet dem menschlichen Geist einen nahezu unerschöpflichen Raum sich zu entwickeln, wird aber zum bloßen Zeitvertreib, wenn dabei nur Fachwissen und das Ausloten der technischen Möglichkeiten im Vordergrund stehen. Die digitale Revolution mag viele von uns nachhaltig beeinflusst haben, sie ist aber nur ein weiteres Kapitel in der Geschichte der Fotografie, und nun da sich der Sturm etwas gelegt hat, gewinnt glücklicherweise die Kunst der Kommunikation mit dem Betrachter wieder zunehmend an Bedeutung.

Fotowettbewerbe auf der ganzen Welt versuchen der Kreativität den ihr zustehenden Platz einzuräumen, aber sie legen damit auch Trends fest und tragen so zu einem Verlust von Kreativität bei. Ein Paradoxon entsteht. Die Kunst der Fotografie ist eine menschliche Erfindung, entstanden auf der immerwährenden Suche nach vermeintlicher Freiheit. Aber als die sozialen Wesen, die wir Menschen sind, müssen wir auch innerhalb der menschlichen Gemeinschaft bestehen, was leider oft dazu führt, dass wir so handeln, wie es von uns erwartet wird und nicht aus uns selbst heraus. Wieder einmal zeigt sich der ewige Konflikt zwischen dem Individuum und der Gesellschaft. Leider sind Äußerungen von Fotografen laut geworden, die zugaben, dass sie ihre Bilder ganz bewusst für die Teilnahme an Wettbewerben gestalten. Und so nehmen die Dinge ihren Lauf, der überbewertete Wettbewerbserfolg lässt eine neue Spezies von Fotografen entstehen – den Wettbewerbs-Naturfotografen. Das ist besorgniserregend und enttäuschend, denn das Kollektiv der Naturfotografen bietet eine der wenigen verbliebenen, wirklich starken Stimmen für den Naturschutz. Wenn wir, anstatt für die Natur zu sprechen, uns nur um unseren persönlichen Erfolg bemühen, sind wir in unserer Haltung nicht allzu weit von Holzfällern entfernt.

Dieses Jahr war die Jurierung eine echte Übung in Verzicht und Zurückhaltung für uns alle, da keines der eingereichten Bilder (mit Ausnahme des Gesamtsiegers) einstimmig angenommen wurde. Einvernehmlichkeit mag als eine gute Voraussetzung gelten, aber schlussendlich hat die vielschichtige Zusammensetzung der Jury aus alten Hasen, jungen Fotografen, Kunstliebhabern und Dokumentationsspezialisten aus vier verschiedenen europäischen Ländern zu einem fairen und gründlichen Prozess beigetragen.

Es gab diese äußerst magischen Momente, wenn ein Jurymitglied einem bestimmten Bild durch Argumentation so viel Unterstützung durch andere Jurymitglieder eintrug, dass es in die nächste Runde aufgenommen wurde. Dieses überzeugen und überzeugt werden war wohl die persönlich bereicherndste Erfahrung der ganzen Jurierung.

Im Zeitalter der sozialen Medien stellte es sich als unvermeidlich heraus, dass einige Bilder dem einen oder anderen bereits bekannt waren, aber das sollte hier nicht zum Problem werden. Als Fotografen sind wir uns alle den sich häufig widersprechenden Anforderungen von Internet, Fotowettbewerben und wirtschaftlichen Zwängen nur allzu gut bewusst. Auf jeden Fall sollte das kein Kriterium für einen Ausschluss sein.

Dieses Jahr gab es von allem etwas: Viele durchschnittliche Bilder, viele kopierte Stile, sich wiederholende Konzepte, schlecht bearbeitete Bilder und sogar Bilder, die nicht den Wettbewerbsregeln entsprachen. Aber am enttäuschendsten war es, die vielen ungenutzten Gelegenheiten zu sehen, wenn eine einzigartige Tierart, ein selten gesehenes Verhalten oder ein einmaliger Ort allenfalls durchschnittlich abgelichtet wurden. Früher einmal war die Verbindung von einer einmaligen Erscheinung in der Natur mit einem Höchstmaß an fotografischem Können das höchste Gut der Naturfotografie.

Aber wir hatten auch das unschätzbare Privileg, einige wirklich herausragende Bilder zu sehen, Bilder, die in sich eine Einheit aus „Körper und Seele" bilden und so ihr vorgeschriebenes Ziel erreichen: den Betrachter zu berühren.

Die Jury 2013

v.l.n.r. Marc Hesse (DE), Wettbewerbsleiter
Jasper Doest (NL), Naturfotograf
Jan van der Greef (NL), Naturfotograf
Angel M. Fitor (ES), Naturfotograf
Sandra Bartocha (DE), Naturfotografin
Jan-Peter Lahall (SE), Naturfotograf
nicht im Bild:
Claudia Müller (DE), Naturfotografin
Sebastian Hennigs (DE), Naturfotograf

Zum ersten Mal in der Geschichte des Wettbewerbs GDT Europäischer Naturfotograf des Jahres hat ein Bild aus der Kategorie „Unter Wasser" den begehrten Titel des Gesamtsiegers gewonnen. Diese Entscheidung hat für uns als Fotografen eine weit größere Bedeutung als auf den ersten Blick angenommen werden mag. Sie zeigt, dass die GDT als das Sprachrohr einer Naturfotografenszene mit gelehrt-wissenschaftlichem Charakter, die sich auf die Fotografie an Land konzentriert, die Unterwasserwelt als einen wesentlichen Teil der uns umgebenden Natur anerkennt – eine Haltung, die unter Naturfotografenverbänden weltweit nicht weit verbreitet ist.

Sie bestätigt weiterhin, dass auch die Unterwasser-Fotografen anfangen, sich eher als Teil der Naturfotografie zu begreifen, anstatt als ein Anhängsel der von der Industrie gesteuerten Welt der Taucherei.

Obwohl sich das Tauchen inzwischen zu einem Massensport entwickelt hat, ist es seit seinen Anfängen maßgeblich von dem entsprechenden Industriezweig abhängig. Die Themen sind geprägt von Fragen der Technik und Ausrüstung, und über viele Jahrzehnte hinweg galt das ebenso für die gleichermaßen ausrüstungsintensive Unterwasserfotografie.

Nun sieht es so aus, als kämen wir endlich an den Punkt, wo bei Unterwasserfotografie tatsächlich auch über Unterwasserfotografie gesprochen wird. Unsere sterbenden Ozeane brauchen definitiv mehr engagierte Fotografen, Künstler und Fürsprecher, denen der Naturschutz am Herzen liegt, anstatt mehr Touristen auf der Suche nach kurzfristiger Befriedigung ihrer Freizeitbedürfnisse.

In unserer reizüberfluteten Welt ist es darüber hinaus besonders erfrischend, dass das Siegerbild nicht eine spektakuläre Spezies zeigt, sondern kleine silbrige Fische und einen Schwamm – Arten, die zu den unauffälligeren Lebewesen unseres Planeten gehören.

In jedem Meer, See, Fluss, Bach und sogar in jedem Wassertropfen steckt noch eine ganze Welt, die darauf wartet, mit der Kamera entdeckt zu werden. Die großen Raum bietet für Dokumentation, Kreativität, Kunst und Kultur, und die die Chance offeriert, diesen Lebensräumen die gleiche Aufmerksamkeit zu verschaffen, wie es die Fotografie bei anderen Habitaten bereits geschafft hat. Wir glauben, die Unterwasserfotografie als Teil der gesamten Naturfotografie zu verstehen, ist dabei ein großer Schritt in die richtige Richtung. Das Beste aus beiden Welten wird hoffentlich zu großartigen Bildern führen, die den bedrohten Lebensräumen der Meere eine starke Stimme geben können.

Angel M. Fitor (für die Jury)

14 Vögel

Vögel begegnen uns allerorten. Allzu oft nehmen wir sie nur beiläufig wahr, viele Arten sind für uns sogar alltäglich. Aber es gibt auch das geheime, das spannende Leben der Vögel. Die Ausdrucksformen der Balz, die Dynamik des Vogelzuges, der oftmals dramatische Kampf um Nahrung. Hinzu kommen die ästhetischen Aspekte: Farben, Formen und nicht zuletzt die Eleganz des Fluges.

26 Säugetiere

Diese Kategorie ist offen für Bilder, die Säugetiere zum zentralen Thema haben. Dabei sind gestalterisch und technisch bestechende Bestimmungsbilder ebenso gefragt wie solche, die mehr den ästhetischen Aspekt eines Bildes in den Vordergrund stellen. Die Jury sucht besonders nach solchen Bildern, die etwas vom Wesen des Tieres erzählen, oder dem Betrachter Einblick in sein Leben geben. Das können sowohl aussagekräftige Porträts sein, als auch solche Bilder, die das Tier in seinem Lebensraum zeigen oder arttypische Verhaltensweisen festhalten.

38 Andere Tiere

Im Unterschied zu Vögeln und Säugetieren finden andere Tierklassen und -stämme deutlich weniger Interesse bei den Menschen. Dabei existieren allein in Deutschland über 33.000 Insektenarten, aber nur wenig mehr als 700 Wirbeltierarten. Unter diesen weniger populären Tierarten weisen gerade die Insekten oder auch die Mollusken einen immensen Reichtum an Formen und Farben auf. Ihre Lebensgewohnheiten sind zum Teil spektakulär und hoch komplex. Für diese Kategorie sind Bilder geeignet, die diese Faszination vermitteln und den Blick auch auf Charakter und Schönheit dieser Arten lenken.

50 Pflanzen und Pilze

Diese Kategorie möchte den Blick des Betrachters sowohl auf die Schönheit und Ästhetik der Pflanzen, als auch auf ihre vielfältigen Anpassungen an unterschiedlichste Lebensräume lenken. Daher sind hier Bilder gefragt, die unter besonderer fotografischer Sorgfalt entstanden sind und mit Licht und den Mitteln moderner Bildgestaltung spielen.

Landschaften 62

Die Bilder dieser Kategorie zeigen die Mannigfaltigkeit und Schönheit der Landschaften unserer Erde. Von der Kulturlandschaft vor unserer Haustür bis hin zu entlegenen Regionen der Welt. Vom Detail bis zu großen Übersichten. Wetterphänomene und die gestaltende Kraft von Wind und Wasser sind beliebte Themen dieser Rubrik.

Unter Wasser 74

In den Anfängen des Wettbewerbs „Europäischer Naturfotograf des Jahres“ waren Aufnahmen von Tieren und Pflanzen der Unterwasserwelt Teil der Kategorien „Andere Tiere“, „Säugetiere“ oder „Pflanzen“. Doch die Vielfalt der im Wasser beheimateten Lebensformen und die große Zahl der Einsendungen zu diesem Thema veranlassten die Veranstalter, im Jahr 2004 eine eigenständige Kategorie einzurichten. Sie bleibt allen Aufnahmen vorbehalten, die die Welt unter Wasser zeigen – egal ob Pflanzen, Tiere oder Lebensräume, ob im Salz- oder Süßwasser.

Mensch und Natur 86

Der Mensch greift auf vielfältige Weise in die Natur ein, häufig im negativen Sinne, manchmal auch im positiven. Bildbeispiele hierfür sind das Thema dieser Kategorie. Fotografien, die nachdenklich stimmen, die überraschen oder einfach nur zum Schmunzeln anregen

Atelier Natur 98

Das Forum der fotografischen Kreativität. Hier finden sich Bilder, die sich mit Farben und Formen der Natur über die reine Dokumentation hinaus beschäftigen. Aufnahmen, bei denen der Fotograf seine individuelle Sichtweise, sein ästhetisches Empfinden und seine fotografische Experimentierfreudigkeit zum Ausdruck bringen kann.

Sieger

Zoltán Gergely Nagy – Rumänien

Morgendämmerung am Bass Rock

Das Bild zeigt nistende Basstölpel auf der schottischen Insel Bass Rock. Die Felseninsel mit ihren steil abfallenden Hängen beherbergt die größte Basstölpel-Kolonie der Welt. Wegen des schlechten Wetters und der rauen See waren wir nicht sicher, ob eine Landung auf der Insel überhaupt möglich sein würde. Wir umrundeten das Eiland in einem kleinen Fischerboot, als plötzlich die Sonne durch die Wolken brach und dieses wilde Szenario in dramatisches Licht tauchte.

Nikon D300s, 4.0/12-24mm, ISO 200

Vögel

Den Preis für dieses Bild stiftet **AC-FOTO**

2. Platz

Theo Bosboom (GDT)
Niederlande

Eissturmvogel am Wasserfall

Wegen der Möglichkeit, hinter die hinabstürzenden Wassermassen zu treten, ist der Seljalands-Wasserfall in Island ein weithin bekannter Touristenmagnet. Während einer Fotoreise im letzten Winter beschloss ich, die im Umfeld des Wasserfalls fliegenden Eissturmvögel durch das Wasser hindurch zu fotografieren, um eine neue, ungewöhnliche Sichtweise auf diese Tiere zu geben. Über eine Stunde lang versuchte ich, meine Bildidee umzusetzen. Dabei wurde ich zwar klatschnass, aber mit dem Ergebnis war ich mehr als zufrieden.

Canon 1DX, 4.0/70-200mm L IS, ISO 2500

Den Preis für dieses Bild stiftet **AC-FOTO**

Lobende Erwähnung

Christian Ziegler (GDT) – Deutschland/Panama

Gärtner des Regenwaldes

Ein Helmkasuar frisst die blauen Früchte des Quandangbaumes. Helmkasuare sind Laufvögel, die die Regenwälder im nördlichen Queensland (Australien) und südlichen Papua-Neuguinea bewohnen. Sie sind die größten Fruchtfresser dieser Wälder (bis zu 1,80m groß und 60kg schwer) und spielen für Dutzende von Baumarten eine wichtige Rolle als Samenverbreiter. Habitatzerstörung und -fragmentierung, streunende Jagdhunde sowie verwilderte Schweine haben Helmkasuare in Queensland auf geschätzte 1500 Individuen reduziert.

Canon 5D Mark II, 2.8/16-40mm, ISO 640, Stativ, Polfilter, 3 externe Blitze, Fernauslöser

Lobende Erwähnung

Pål Hermansen – Norwegen

Angriff

Schon lange habe ich mir ein Bild gewünscht, dass einen so fundamentalen Moment in der Natur festhält: fressen und gefressen werden. Dies ist für mich mehr als nur eine Dokumentation, es ist das Bild einer zutiefst existentiellen Situation. Da das Geschehen so schnell abläuft, dass man im Voraus reagieren muss, braucht man die Möglichkeit mehrerer Versuche. Zu dieser Futterstelle kamen sehr viele Eichelhäher, was auch einer Familie von Sperbern nicht verborgen blieb. Im Herbst statteten sie den Eichelhähern regelmäßige Besuche ab, und entsprechend oft kam es auch zu solchen Attacken.

Canon EOS 5D Mark III, 2.8/300mm, ISO 2500, Stativ

Lobende Erwähnung

Bence Máté – Ungarn

Schlammige Krallen

Dieses Bild entstand, als ich im Februar 2013 Seeadler fotografierte. Der Fisch rutschte dem abfliegenden Adler aus den Fängen und fiel zurück ins Wasser. Das war Pech für den Adler, bescherte mir aber ein Bild, das, obwohl es nur den Bruchteil einer Sekunde festhält, weit mehr erzählt: Der Schlamm an den Klauen des Adlers gibt Auskunft darüber, wie der Vogel zuvor im trüben Wasser nach dem Fisch gegriffen hatte, und die Wassertropfen geben eine Vorstellung davon, wie der Fisch zurück ins Wasser fallen wird, direkt nachdem dieses Bild entstanden ist.

Nikon D800, 2.8/70-200.mm, ISO 1250, Stativ

Lobende Erwähnung

Michel d'Oultremont – Belgien

Pure Eleganz

Die Bartmeise lebt im Röhrichtsaum von Gewässern, bevorzugt in Schilfbeständen. Da sie kein ausgesprochener Zugvogel ist, lässt sie sich auch im Winter gut beobachten. Dieses Männchen turnt bei der Nahrungssuche am Ende eines Schilfhalms – eine erstaunlich elegante Vorführung. Das Eis im Hintergrund sorgt dabei für einen ruhigen, hellen Hintergrund.

Canon EOS 5D Mark III, 4.0/500mm, ISO 800, Stativ

Lobende Erwähnung

Audun Rikardsen

Norwegen

Adler bei der Jagd

Der Seeadler ist bei Naturfotografen ein äußerst beliebtes Motiv. In der Regel werden die Vögel vom Boot aus fotografiert oder aus einem Tarnversteck heraus, was zwar zu sehr gelungenen, inzwischen aber fast schon etwas herkömmlichen Bildern führt. Ich wollte daher eine andere Perspektive ausprobieren und verwendete ein Weitwinkelobjektiv, um einerseits die Nähe zum Betrachter herzustellen und andererseits die natürliche Umgebung des Seeadlers bei der Jagd im norwegischen Winter einzubeziehen. Im Moment der Aufnahme befand sich der Adler etwa fünf Meter über der Wasseroberfläche und nur zweieinhalb Meter von der Kamera entfernt. Dabei ließ sich auch feststellen, dass dieses Tier vor 25 Jahren beringt worden war.

Canon 5D Mark III, 2.8/24-70mm, ISO 640, modifiziertes Fernauslösesystem

Lobende Erwähnung

Jérémie Villet

Frankreich

Nur ein Schwan

Dieses Bild entstand an einem Abend im Juli. Es war vollkommen still am See und im Wald, ganz anders als im Frühjahr, wenn die Natur in Aufbruchsstimmung ist. Kaum ein Tier war zu sehen. In der Nähe patrouillierte ein Höckerschwan über den See. Alleine in seinem Revier, glitt er stolz durch die letzten Strahlen der untergehenden Sonne. Ich suchte eine Position auf, in der mir die großen Kiefern des Westufers gegenüberlagen. Um das weiche Gegenlicht am besten zur Geltung zu bringen, verkürzte ich die von der Kamera angegebene Belichtungszeit ein wenig. Das Bild gab die Stimmung perfekt wieder. Es war einer dieser Momente in der Natur, die man unbedingt mit anderen teilen möchte.

Canon EOS 7D, 2.8/300mm, ISO 100

Lobende Erwähnung

Stefan Christmann (GDT) – Deutschland

Gruppenkuscheln

Das „Huddlen" ist die Geheimwaffe der Kaiserpinguine gegen die Kälte der Antarktis. Es bezeichnet eine Strategie, bei der sich die Vögel Körper an Körper zusammenstellen, um sich gegenseitig zu wärmen. Anfang Oktober wurde ich zum ersten Mal Zeuge einer Huddle-Übung. Die Temperatur fiel unter -30°C, und alle Küken um uns herum begaben sich an den gleichen Platz. Anstatt zu warten, bis sie an der Reihe waren und einen Platz in der Mitte erhielten, nahmen einige eine Abkürzung: Ein kurzer Anlauf, gefolgt von einem Sprung und einer anschließenden Bruchlandung führte viele der Jungtiere direkt in die Mitte der Gruppe – aber nur so lange, bis das nächste Federknäuel angeflogen kam.

Nikon D700, 2.8/70-200mm VR II, ISO 400

Lobende Erwähnung

José Luis Rodríguez Sanchez – Spanien

Steinkauz-Liebe

Es ist Mai in Avila, in Zentral-Spanien. Ein Steinkauz-Pärchen trifft sich in der Abenddämmerung auf einem Dach zur Paarung. Zu dieser Zeit, kurz vor der Eiablage, kann man dieses Verhalten regelmäßig beobachten. Auf den Getreidefeldern der Umgebung finden die Käuze ausreichend Nahrung in Form von Kleinsäugern und Insekten, um ihre Jungen aufzuziehen.

Canon EOS 1D Mark III, 5.6/400mm, ISO 400, Stativ, Blitz, Tarnversteck

Sieger

Sven Začek – Estland

Rehbock, rechts unten in der Ecke

Im Winter fotografierte ich Rehwild, das auf offenem Feld unter dem Schnee nach Futter suchte. Die Tiere hatten sich weit verteilt, so dass ich mich auf einen Bock mit samtenem Geweih konzentrieren konnte, wobei die Schemen der anderen Rehe dem Bild die nötige Tiefe gaben.

Nikon D3s, 2.8/400mm VR, 2x Konverter, ISO 3200, Stativ

Säugetiere

Den Preis für dieses Bild stiftet **NIKON**

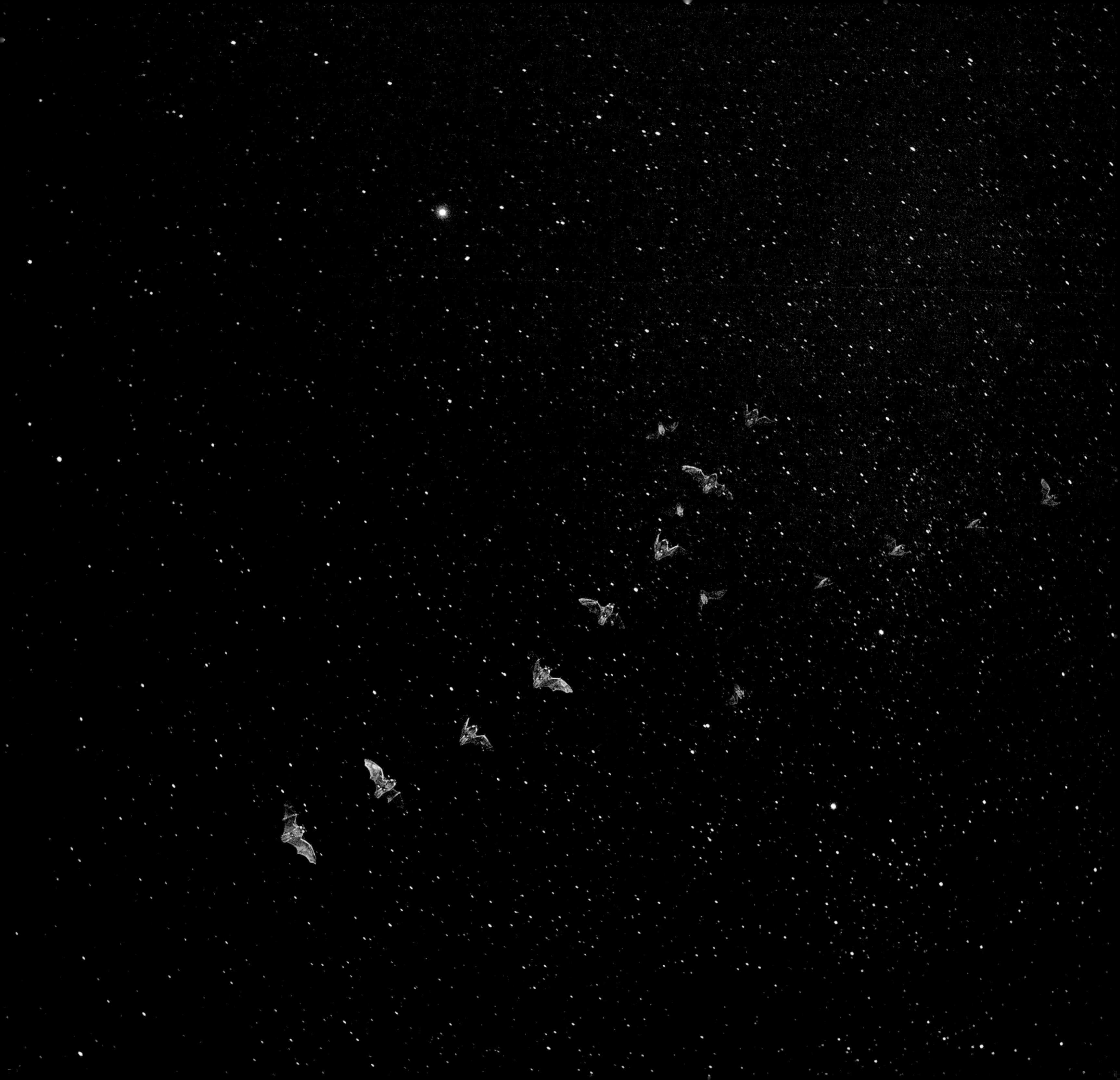

2. Platz

Mati Kose – Estland

Sterne und Fledermäuse

An der Sõrve-Station auf der Insel Saaremaa in Estland locken die vom Licht einer Insektenfalle angezogenen Insekten auch Fledermäuse an. Mit Hilfe einer Langzeitbelichtung und dem Einsatz eines Stroboskopblitzes konnte ich die Flugbahnen der Fledermäuse vor dem sternenklaren Himmel abbilden. Mit 21 Sekunden Belichtungszeit wurde zunächst der Sternenhimmel im Bild festgehalten und anschließend die Bewegungen der Fledermäuse mit Hilfe des Stroboskopblitzes.

Canon EOS D1 Mark IV, 2.8/16-35mm, ISO 1250, Stativ, Aufhellblitz, Reflektoren, Kabelauslöser, Blitzgerät

Den Preis für dieses Bild stiftet **NIKON**

Lobende Erwähnung

Sven Začek – Estland

Diamantenstaub

An einem sonnigen, aber klirrend kalten Wintertag war ich bei -18°C mit einem Hubschrauber unterwegs, um die wunderschöne vereiste Landschaft zu fotografieren. Ich entdeckte eine Gruppe von vier Elchen, die im Weidengebüsch nach Nahrung suchten. Durch die niedrigen Temperaturen bildeten sich Eiskristalle in der Luft, die im Gegenlicht wie Diamantenstaub aussahen. Ein magischer Moment ...

Nikon D3s, 2.8/70-200mm VR II, ISO 500

Lobende Erwähnung

Bruno D'Amicis (GDT) – Italien

Zwiegespräch des Todes

Im Februar 2012 war es in den Abruzzen in Italien kalt, mit Temperaturen, die unter -20°C fielen, und lang anhaltenden Schneefällen, die die Landschaft mit mehreren Metern Schnee bedeckten. Durch diese Wetterbedingungen war das Rotwild, ebenso wie andere Huftiere, in seiner Bewegungsfreiheit eingeschränkt, so dass Raubtiere leichtes Spiel hatten. In diesem Bild fordert ein ausgewachsener Wolf eine kleine Herde Rotwild heraus. Es gibt wissenschaftliche Hinweise, dass Jäger und Gejagte in einem „Zwiegespräch des Todes" Informationen über ihre jeweilige Lage austauschen bevor die Jagd beginnt, um so gegebenenfalls lebensnotwendige Energien sparen zu können.

Canon EOS 1D Mark III, 4.0/500mm, 2x Konverter, ISO 400, Stativ

Lobende Erwähnung
Jack Chapman
Großbritannien

Bären-Nickerchen

Dieses Bild entstand an der Küste von British Columbia (Kanada) im gemäßigten Regenwald. Ich beobachtete das Tier, wie es die Klippe emporkletterte, um ein Schläfchen auf einem Felsvorsprung zu halten. Der Ort war gut gewählt, denn die erhöhte Position bot dem Bären sowohl einen guten Überblick über die Uferzone als auch Schutz vor anderen Bären. Für mich als Fotografen ergab dann die Form der Felsen eine interessante Bildkomposition.

Nikon 40D, Sigma 2.8/150mm, ISO 200, Stativ

Lobende Erwähnung

Marc Steichen

Luxemburg

Dachse unterm Sternenhimmel

Seit fünf Jahren fotografiere ich eine Familie Europäischer Dachse *(Meles meles)* nahe meines Wohnortes in Luxemburg. Die anfangs scheuen Tiere erlauben es mir mittlerweile, sie aus nächster Nähe zu fotografieren. Um die nachtaktiven Dachse in ihrem natürlichen Umfeld zu zeigen und dem Foto eine zeitlose Note zu verleihen, wollte ich den Nachthimmel mit Sternenbahnen ins Bild einbeziehen. Das Foto wurde mittels kamerainterner Mehrfachbelichtung realisiert. In einer ersten Aufnahme wurden die drei Dachse beim Heraustreten aus der nach Norden ausgerichteten Dachsburg mit sanftem Blitzlicht festgehalten. In einer weiteren, 28-minütigen Langzeitbelichtung wurde anschließend der von Sternenbahnen umkreiste Polarstern hinzubelichtet.

Canon EOS 5D Mark III, 4.0/17-40mm, ISO 800, 2 Speedlite-Blitzgeräte, Stativ, Mehrfachbelichtung

Lobende Erwähnung

Arnfinn Johansen – Norwegen

Flusspferdbulle bei Sonnenaufgang

Sonnenaufgang in der Massai Mara (Kenia). Ich befand mich an einem kleinen Teich, der komplett mit einem grünen Teppich aus Wassersalat bedeckt war. Gerade als dieses Flusspferd nach einem Tauchgang wieder an die Wasseroberfläche kam, flog ein Schwarm von Insekten auf. Im Uferschlamm liegend, auf meine Ellbogen gestützt, die Kamera und ich tief in einer undefinierbaren Mischung aus Wasser, Erde und Flusspferdmist vergraben, hatte ich einen ausgezeichneten niedrigen Blickwinkel, aus dem ich den Flusspferdbullen im Gegenlicht fotografieren konnte.

Nikon D4, 4.0/600mm VR , 1.4x Konverter, ISO 450, Polfilter

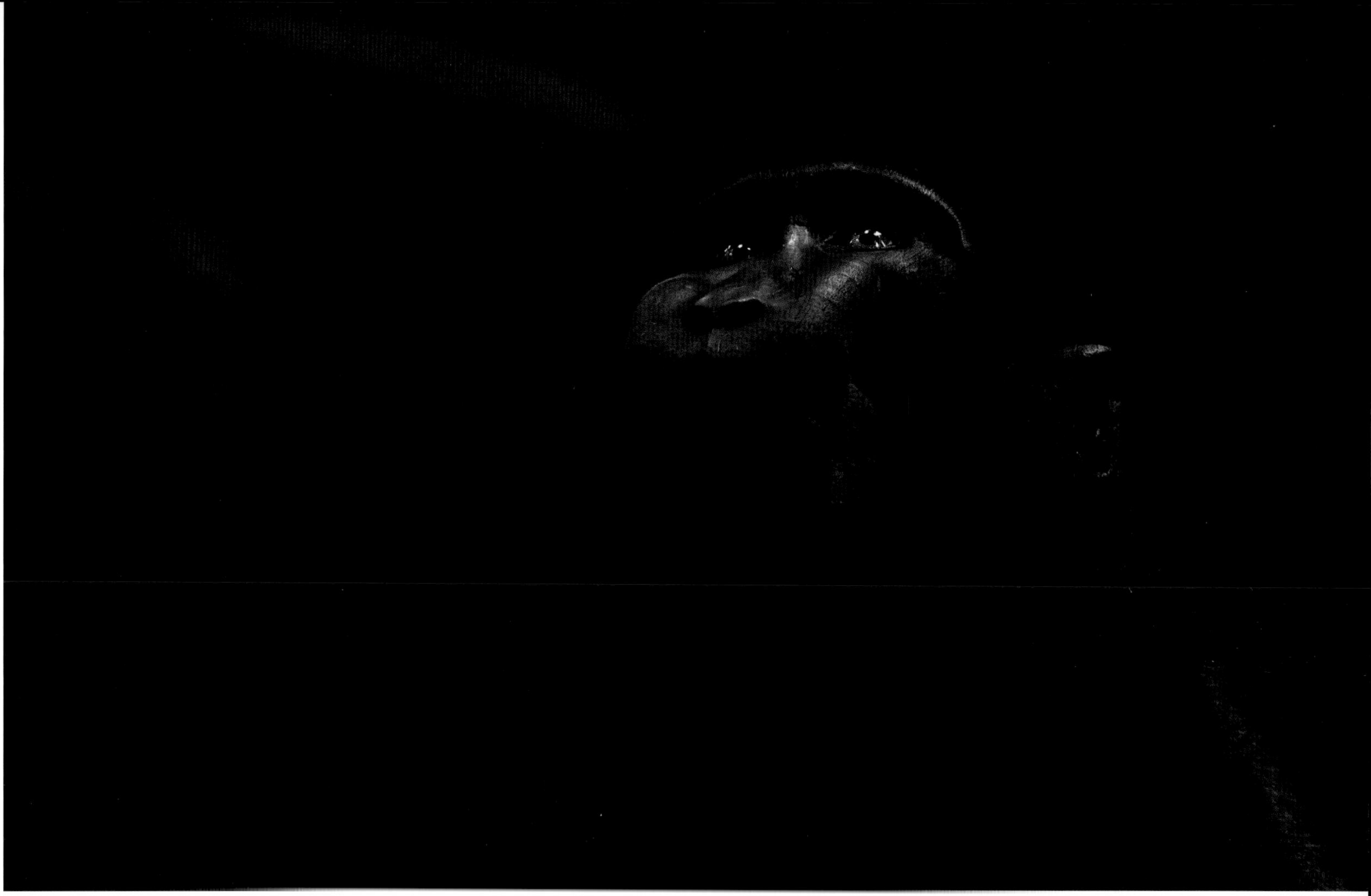

Lobende Erwähnung

Michael Gallagher – Großbritannien

Porträt eines Schopfaffen

Schopfaffen *(Macaca nigra)* leben nur auf Sulawesi (Indonesien) und einigen benachbarten kleinen Inseln. Sie sind stark vom Aussterben bedroht, vor allem durch direkte Nachstellung durch den Menschen und die Zerstörung ihres Lebensraumes. Dieses Porträt eines Schopfaffen entstand auf einer Wanderung durch den dichten Regenwald im Norden von Sulawesi.

Canon 50D, 4.5-5.6/100-400mm, ISO 640

Lobende Erwähnung

Erlend Haarberg

Norwegen

Grimasse

Seit einigen Jahren schon fotografiere ich Schneehasen in der Nähe einer kleinen Hütte in den norwegischen Bergen. 2012 war ein besonderes Jahr – gleich vier Hasen tauchten regelmäßig bei der Hütte auf. Ich wollte vor allem Porträts fotografieren, gerne solche, bei denen die Hasen möglichst lustige Grimassen machten. Es war erst April und doch waren die Tiere schon nicht mehr ganz weiß. Obwohl der Boden zu dieser Zeit noch dick mit Schnee bedeck war, hatten sie bereits Mitte des Monats mit dem Fellwechsel begonnen.

Nikon D3s, 4.0/500mm, ISO 400, 1.4x Konverter, Stativ

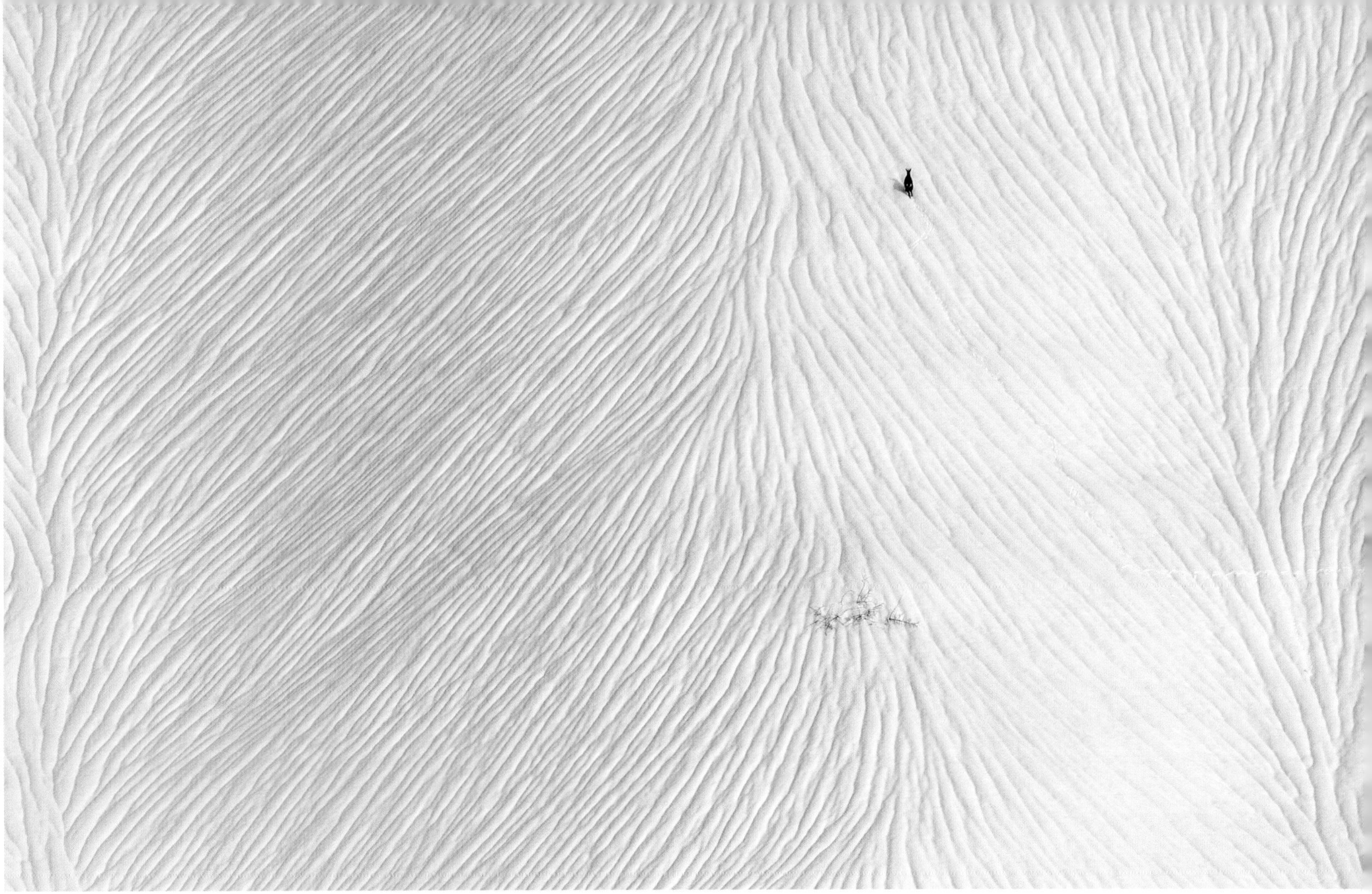

Lobende Erwähnung

Jérémie Villet – Frankreich

Der Aufstieg

Es ist Mittag in den französischen Alpen. Die Sonne strahlt in jeden Winkel des Tals und lässt den Schnee schmelzen. Das Wasser strömt glitzernd zu Tal, wo es sich in den Fluss ergießt. Die Gämsen ziehen sich langsam in ruhigere Höhenlagen zurück. Noch am Tag zuvor war ich den Gämsen inmitten eines heftigen Schneesturms gefolgt. Heute jedoch, bei völlig gegensätzlichen Wetterbedingungen, bin ich fasziniert von der Szenerie: Reduziert auf dunkle Flecken in einer weißen Endlosigkeit bieten die Gämsen einen atemberaubenden Anblick.

Canon EOS 7D, 4.0/300mm, 1.4x Konverter, ISO 100, Stativ

Sieger

Remo Savisaar – Estland

Kleines Nashorn

Ich lebe im Südosten von Estland, in der Region Tartu, wo ich häufig im Wald unterwegs bin. An diesem Abend wollte ich eigentlich Pflanzen und Details im warmen Licht des Sonnenuntergangs fotografieren. Auf der Suche nach geeigneten Motiven nahm ich plötzlich eine kleine Bewegung auf einem umgestürzten Baumstamm wahr – ein Nashornkäfer. Ich wartete noch ein wenig, bis der Käfer sich an der richtigen Stelle befand und komponierte ein Bild, bei dem die Silhouette des Käfers klein aber markant in Erscheinung tritt.

Canon EOS 1D Mark III, 3.5/180mm L Macro USM, ISO 1000, Stativ

Andere Tiere

Den Preis für dieses Bild stiftet **AC-FOTO**

2. Platz

Magdalena Wasiczek – Polen

Der Geist

Meine Bilder sind eher Impressionen aus Farben und Licht als dokumentarische Abbildungen der Realität. Bereits beim Fotografieren versuche ich, so viele Effekte wie möglich umzusetzen. In diesem Fall habe ich ein Lensbaby-Objektiv in Kombination mit einem Makro-Zwischenring verwendet. So entstand im Gegenlicht diese unwirkliche, fast geisterhaft anmutende Aufnahme eines Großen Kohlweißlings *(Pieris brassicae)* auf einer Kornblume. Meine Fotografie ist geprägt von meiner Faszination für die Malerei und dem Wunsch, dem Betrachter einen märchenhaften Blick auf die Welt zu vermitteln, um so – wie durch Kinderaugen – die große Vielfalt der Farben, Geheimnisse und Überraschungen des Lebens wahrnehmen zu können.

Nikon D300, Lensbaby Composer Double Glass Optic 2.0/50mm, ISO 320, Makro-Zwischenring

Den Preis für dieses Bild stiftet **AC-FOTO**

Lobende Erwähnung

Klaus Tamm (GDT) – Deutschland

Blaue Stunde

Ein warmer Sommertag liegt hinter uns. Die für ihre Orchideenpracht bekannte Insel Öland verabschiedet sich im letzten Licht in die Nacht hinein. Die blaue Stunde ist angebrochen in diesem Biotop. Auf dem Heimweg entdecke ich eine Libelle, die sich an einem Grashalm zur Ruhe niedergelassen hat. Ohne Stativ ist es schwierig, das Insekt bei diesen Lichtverhältnissen noch einigermaßen scharf abzulichten. Erst in der Nacht am Rechner zeigt sich, dass meine Bemühungen erfolgreich waren. Noch heute denke ich gerne an jene schöne Stimmung zurück, die uns die Insel Öland beschert hat.

Canon EOS 5 D Mark II, 2.8/100 mm Macro IS, ISO 250

Lobende Erwähnung

Marco Colombo – Italien

Brennendes Blatt

Eines Nachts träumte ich davon, wie ich ein bestimmtes Bild aufnahm. Als ich dann erwachte, ging ich hinaus und setzte es um. So entstand ein Bild von einem vom Licht entflammten Blatt, auf dem ein kleiner Weberknecht sitzt. Besonders faszinierte mich der starke Kontrast zwischen den beiden Blatthälften, der durch die besondere Durchleuchtung entstand. Die wellige Oberfläche des Blattes führte zu unterschiedlicher Lichtbrechung und ließ den Eindruck von Flammen entstehen.

Nikon D700, 2.8/105 mm AF Micro Nikkor, ISO 200, Makro-Blitzsystem mit farbigen Filtern

Lobende Erwähnung

Csaba Daróczi – Ungarn

Nachtflug

Letzten August beschlossen ein Freund und ich Ungarns größten Falter zu fotografieren, den ursprünglich aus Japan stammenden Eichenseidenspinner. Keine leichte Aufgabe, denn diese Art ist nachtaktiv. Wir installierten eine starke Lampe im Wald, um die Schmetterlinge anzulocken. Viele Nachtfalter erschienen, doch der Eichenseidenspinner ließ sich Zeit. Endlich entdeckten wir ein Weibchen im Gras, und bald folgten auch einige Männchen. Durch den Einsatz von Mehrfachbelichtung und Stroboskopblitz gelang mir schließlich diese Aufnahme, die den nächtlichen Sternenhimmel und die Flugbahn des Falters abbildet.

Nikon D700, 1.4/24mm, ISO 800, Blitz

Lobende Erwähnung

Radomir Jakubowski (GDT) – Deutschland

Im Wald aus Schachtelhalmen

In Sumpfgebieten findet man häufig Schachtelhalme. Diese ursprünglichen Gewächse mit ihren sich wiederholenden Strukturen haben mich schon immer begeistert. In einem Gebiet, in dem ich regelmäßig Orchideen fotografiere, gibt es einen kleinen Sumpf, an dem ich oft verweilt und über die Schachtelhalme nachgedacht habe. Nie hatte ich eine zündende Idee, wie man ihre Strukturen gut in Szene setzen könnte. All meinen Bildideen fehlte etwas ganz Entscheidendes. Eines Sommerabends saß ich wieder einmal dort, und plötzlich entdeckte ich ein Motiv: Ein heller Schachbrettfalter inmitten der dunkelgrünen Halme.

Canon EOS 5D Mark II, 2.8/100mm L IS Makro, ISO 200, Polfilter, Stativ

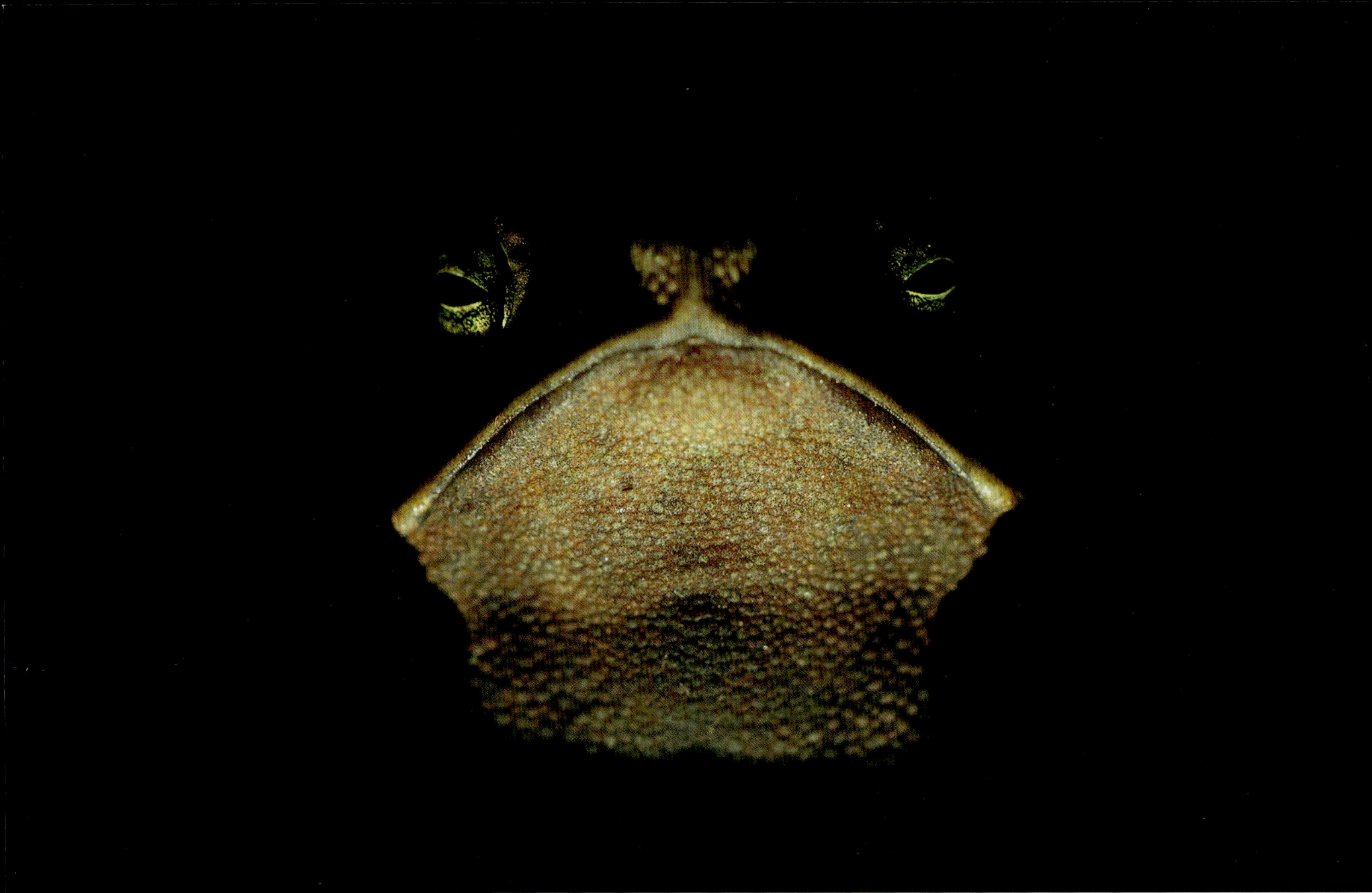

Lobende Erwähnung

Quentin Martinez – Frankreich

Der Killer

Die Aga-Kröte *Rhinella marina* (auch *Bufo marina*) ist eine in Französisch-Guyana weit verbreitete Krötenart. Am Abend kann man sie zu Dutzenden auf der Straße, in der Nähe von Häusern und manchmal sogar in den Häusern selbst finden. Dieses Tier habe ich nachts auf einem Gehweg in Macouria im Norden des Landes aufgenommen. Als Lichtquelle diente eine LED-Lampe, die ich direkt auf dem Weg positionierte. Auf diese Weise wurde nur der Kopf der Kröte beleuchtet, und dieses etwas unheimliche Porträt entstand.

Canon EOS 7D, 2.8/100mm Macro L IS USM, ISO 1000, LED-Taschenlampe

Lobende Erwähnung

David Pattyn – Belgien

Das große Warten

An einem kühlen, windstillen Tag im Pantanal entdeckten wir bei leichtem Regen eine große Anzahl von Brillenkaimanen in einem Tümpel. Auf Grund des kalten Wetters bewegten sich die Tiere so gut wie gar nicht. Ich konzentrierte mich gerade auf einen engen Bildausschnitt mit zwei Tieren, als ich einen weiteren Kaiman wahrnahm, der sich von der Seite näherte. Ich wartete, bis der gezackte Schwanz des Tieres ins Bild kam und löste aus. Die Reflexionen der Wolken auf der Wasseroberfläche geben dem Bild seinen Highkey-Effekt.

Canon EOS 1D Mark IV, 4.0/500mm L IS USM, 1.4x Konverter, ISO 1600, Stativ

Lobende Erwähnung

Joris Grenon – Frankreich

Fluss aus Blei

Dieses Bild entstand an einem Wintertag zwischen nassen, am Boden liegenden Blättern. Der winzige Springschwanz scheint sich durch einen Fluss aus Blei zu bewegen und wirkt dabei wie ein urtümliches Wesen. Springschwänze sind am und im Boden lebende Sechsfüßer (Hexapoda), die so unterschiedliche Lebensräume wie Regenwälder, Uferzonen und Sanddünen besiedeln.

Canon EOS 7D, 2.8/65mm MP-E, ISO 400

Lobende Erwähnung

Łukasz Bożycki – Polen

Die Mutter alles Bösen

Das Bild zeigt eine Spinne, die ihr Netz zwischen die Metallstreben eines Krankenhausfensters gebaut hat und geduldig auf Beute wartet. Durch die geringe Schärfentiefe bleibt eine zweite Spinne im unscharfen Bereich; ihre Anwesenheit wird nur durch den Schatten im Bokeh deutlich. Dieses Foto entstand nachts, wenn Spinnen ihre höchste Aktivität zeigen. Die Straßenlaternen im Hintergrund erzeugen das Bokeh.

Nikon D80, 1.8/50mm G, ISO 500, Makro-Zwischenring, Aufhellblitz

Sieger

Stephan Amm – Deutschland

Amanita muscaria

An regnerischen Herbsttagen durchstreife ich oft die Fichtenwälder des Frankenwaldes. Besonders dort, wo die Waldbewirtschaftung nicht mehr so intensiv ist, bilden sich in den feuchten Tälern Moosteppiche, die nicht nur ansonsten typischen Laubmischwaldbewohnern wie Salamandern einen akzeptablen Ersatzlebensraum bieten, sondern auch vielen Pilzarten. Während die Speisepilze eher in meinen Korb wandern, habe ich schon immer die Fliegenpilze als besonders ästhetisch empfunden, und so fiel mir dieses junge Exemplar auf grünem Grund sofort auf.

Nikon D800E, 2.0/200mm VR I, ISO 100, Polfilter, Stativ

Pflanzen und Pilze

Den Preis für dieses Bild stiftet **AC-FOTO**

2. Platz

Andrés Miguel Domínguez Spanien

Aufgetaut

Dieses Bild entstand im Naturpark „Sierra de Grazalema" in Andalusien, Spanien. Auf einer Kuhweide waren nach starken Regenfällen zahlreiche kleine Tümpel entstanden, die einigen eutrophen Algenarten gute Wachstumsbedingungen boten. Häufig vergesellschaften sich diese Algen mit krautigen Pflanzen, und wenn die Tümpel im Winter zufrieren, entstehen äußerst interessante Motive. Wenn die Temperaturen im Laufe des Morgens dann wieder ansteigen, bilden sich Blasen und Linien im Eis, so wie bei diesem Bild. Ich verwendete ein Makro-Objektiv, denn die Blätter dieser Storchschnabelart (*Geranium molle*) sind sehr klein.

Canon EOS 5D Mark II, 2.8/100mm, ISO 160, Polfilter, Stativ

Den Preis für dieses Bild stiftet **AC-FOTO**

Lobende Erwähnung

Klaus Tamm (GDT) – Deutschland

Lichtspiel

Diesen Weg bin ich schon oft entlang spaziert. Er endet im dichten Wald. Hier habe ich schon viele schöne Beobachtungen gemacht: Springspinnen auf Totholzstämmen, Erdkröten im feuchten Laub, über den angrenzenden Bach fliegende Eisvögel oder Prachtlibellen, die über dem Fließgewässer gaukeln. Doch an diesem Abend wurde ich auf den sich hoch empor reckenden Wachtelweizen aufmerksam. Die Sonne war bereits untergegangen, zauberte aber noch ein letztes Licht in den Wald. An diesem Spätsommertag konnte ich mich nur schwer von diesem schönen Fleckchen Erde verabschieden.

Canon EOS 5D Mark II, 2.8/100 mm Makro IS, ISO 200

Lobende Erwähnung

José Luis Rodríguez – Spanien

Geheimnisvoller Blasebalg

Es war Herbst, die Zeit, in der Boviste ihre Sporen entweichen lassen. An diesem Tag regnete es im Wald, aber der Pilz war unter dem Blätterdach so gut geschützt, dass die Regentropfen ihn kaum trafen. Ich musste also etwas nachhelfen und tropfte mit einer Pipette einige Wassertropfen direkt auf das Sporenloch. Die aufsteigenden Sporen lösten dann über eine Infrarot-Lichtschranke die Kamera aus.

Canon EOS 60D, Canon 2.8/100mm, ISO1600, Blitzgeräte, Infrarot-Lichtschranke

Lobende Erwähnung

Oriol Alamany – Spanien

Der gefrorene Wald

Für eine französische Zeitschrift arbeitete ich an einem Artikel über den Naturpark Garrotxa in Katalonien, der für seinen vulkanischen Formenschatz berühmt ist. Da die Vulkankegel am besten aus der Luft zu erkennen sind, nahm ich an einem Ballonflug teil. Es war ein frostiger Morgen, und der Ballon stieg schnell auf und überflog den Buchenwald Fageda d'en Jordà. Beim Blick nach unten entdeckte ich die Schönheit der überfrorenen Bäume im blauen Novemberlicht des frühen Tages.

Canon EOS 1Ds Mark II, 2.8/70-200mm, ISO 250, Polfilter

Lobende Erwähnung

Luciano Gaudenzio   Italien

Baumwollfeld unter isländischem Himmel

Die im Sommer wie ein Baumwollfeld aussehende Ebene von Landmannalaugar ist eine Oase im kargen Hochland von Island. Die umliegenden Felsformationen aus vielfarbigem Rhyolith bilden einen fantastischen Hintergrund für dieses Feuchtgebiet. Bilder dieser oft fotografierten Landschaft zeigen meistens die extremen Gegensätze, die für dieses Gebiet charakteristisch sind. Ich aber wollte etwas anderes. Von einem sehr niedrigen Blickwinkel aus, zwischen den Blütenständen des Wollgrases liegend, fotografierte ich das Leitmotiv meiner Island-Reise: den bleigrauen, spannenden und sich ständig verändernden Wolkenhimmel.

Canon 5D Mark II, 4.0/17-40mm, Grauverlauffilter, Stativ

Lobende Erwähnung
Alexandra Wünsch (GDT)
Deutschland

Amberbaum im Schnee

Im Rheinland ist Schnee Anfang Dezember eher selten. Umso größer war meine Freude, als in Düsseldorf bereits zu dieser Zeit die ersten Flocken fielen. Dieser Amberbaum schien trotz Kälte und Schnee sein buntes Herbstlaub nicht abwerfen zu wollen. Der Farbkontrast zwischen dem weißen Schnee und den orange-rot gefärbten Blättern zog sofort meine Aufmerksamkeit auf sich. Fasziniert machte ich einige Aufnahmen des Baumes im Schneetreiben, als ein Windstoß kam und das erste Blatt zu Boden fallen ließ.

Canon EOS 7D, 2.8/70-200mm, ISO 800

Lobende Erwähnung

Dorottya Géczy

Ungarn

Alte Trauerweide

Dieses Bild entstand in Ungarn, im Vál-Tal. Es zeigt eine alte Weide, die am Bachufer steht. Ihre knorrige, gekrümmte Gestalt und die Schönheit ihrer Herbstfärbung haben mich tief begeistert. Ich machte zahlreiche Aufnahmen, bei denen ich die Mehrfachbelichtungsfunktion meiner Kamera nutzte. Am Ende hat mir dieses Bild am besten gefallen. Hierbei nahm ich in der ersten Aufnahme den ganzen Baum auf und machte danach eine Nahaufnahme der hängenden Zweige. Als Ergebnis bedecken die Blätter den gebogenen Stamm wie eine zarte Gardine und verleihen dem einfachen Motiv eine impressionistische Wirkung.

Nikon D300, Nikon 2.8/80-200mm, ISO 200, Stativ, Mehrfachbelichtung

Lobende Erwähnung

David Maitland – Großbritannien

Sternenhimmel

Sie sehen aus wie Sterne am Nachthimmel, haben aber eine Schutzfunktion: die kleinen kristallinen Härchen an den Blättern der Rauen Deutzie (*Deutzia scabra*). In Japan, dem ursprünglichen Verbreitungsgebiet dieser Pflanze, werden die getrockneten Blätter tatsächlich als feines Schmirgelpapier bei der Holzbearbeitung verwendet. Das Bild entstand mit Hilfe eines Polarisationslichtmikroskops, wodurch das kristallähnliche Gefüge der Blätter sichtbar wird. In Abhängigkeit von optischen Eigenschaften geben die Interferenzfarben Aufschluss über die einzelnen Strukturen.

Canon 5D Mark II, Mikroskop-Objektiv, ISO 50, Olympus BX51 Mikroskop

Lobende Erwähnung

Roberto Bueno Hernández – Spanien

Pfade des Lebens

Die Laubwälder von Alaska und Kanada sind im Herbst grandios, und das nicht nur wegen der Farbenpracht des Laubes. In diesem Fall waren es die Spuren kleiner Raupen, die meine Aufmerksamkeit erregten. Die Larven der Espenminiermotte (*Phyllocnistis populiella)* durchziehen mit ihren Fressgängen die Blätter der Zitterpappeln (*Populus tremuloides*) und lassen dabei interessante Muster und feine Linien entstehen. Der herbstliche Waldboden wurde zu einer neuen, faszinierenden Welt für mich, die es fotografisch zu entdecken galt.

Nikon D800, 2.8-4.0/24-85 mm, ISO 100, Polfilter, Stativ

Sieger

Samuel Pradetto Cignotto
Italien

Herbstreflexionen

Die charakteristische Form des Nordhangs der weltbekannten Drei Zinnen (Tre Cime de Lavaredo) in Italien bietet einen unvergleichlichen Anblick. Der weniger bekannte Südhang ist nicht minder beeindruckend, und in diesem Bild spiegelt sich seine Schönheit im Lago di Antorno, einer kleinen blauen Perle inmitten des Waldes von Misurina. Im Herbst bedecken die Blätter des Knoten-Laichkrauts (*Potamogeton nodosus*) das Gewässer, was der Oberfläche eine interessante Struktur verleiht und mir als Naturfotograf die Gelegenheit gab, ein ungewöhnliches Bild zu machen.

Canon EOS 5D Mark III, 4.0/70-200mm, ISO 400, Stativ

Landschaften

Den Preis für dieses Bild stiftet **SIGMA**

2. Platz

Andreas Held (GDT) Deutschland

Indian spirit

Der Upper Antelope Canyon in Arizona ist zwar ein tausendfach fotografiertes Motiv, aber trotz der vielen Besucher ist dieser Slot Canyon mit seinen faszinierenden Formen und Farben ein magischer Ort. Für Generationen von Navajos war es wie eine spirituelle Erfahrung, dieses Wunderwerk der Natur zu erleben. Ein Ort der Harmonie mit einer höheren Macht. Diesen „Indian Spirit" kann man gut nachempfinden, auch wenn man sich etwas mehr Zeit und Ruhe dafür wünschte. Wir entschieden uns für eine wenig frequentierte Führung mit einem Navajo am frühen Vormittag. Wegen des enormen Kontrastumfangs der unterschiedlich beleuchteten Sandsteinformationen fertigte ich mehrere Aufnahmen mit unterschiedlicher Belichtung an und fügte diese zu einem HDR Bild zusammen. Dieses Bild stellte ich dann auf den Kopf, denn es faszinierte mich, dass man dadurch mit etwas Fantasie eine weite Berglandschaft erkennen kann.

Canon EOS 40D, 4.0/17-40mm L USM, ISO 400, Stativ

Den Preis für dieses Bild stiftet **SPARKASSE LÜNEN**

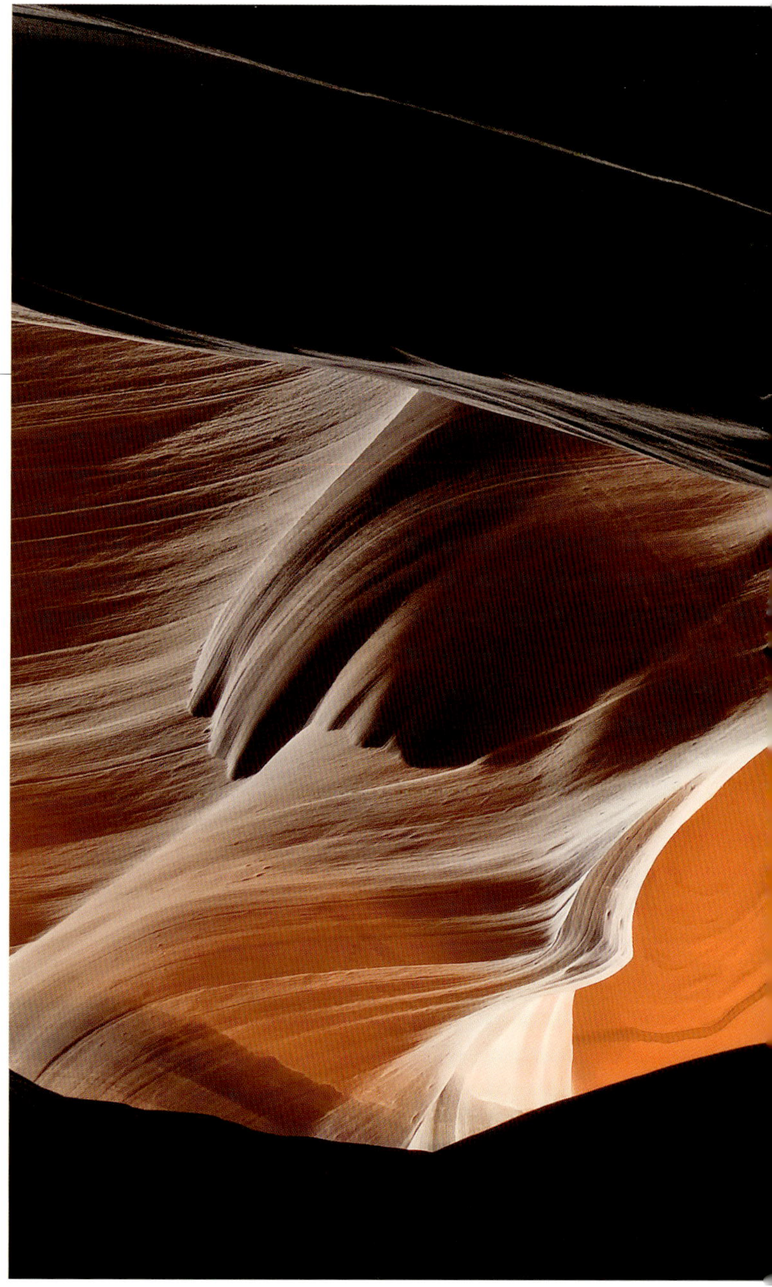

Lobende Erwähnung

Riccardo Rimondi – Italien

Nebel, Dampf und türkisfarbenes Wasser

Während einer Sommerreise nach Island verbrachte ich eine Nacht im Geothermalgebiet Hveravellir im zentralen Hochland der Insel. Die Gegend ist äußerst unwegsam und kann nur über eine 100 Kilometer lange Schotterpiste zwischen den Gletschern Langjökull und Hofsjökull erreicht werden. Es hatte die ganze Nacht geregnet, und als ich früh am Morgen erwachte, konnte ich den Zauber dieses in dichten Nebel gehüllten Ortes festhalten.

Canon EOS 5D Mark II, 4.0/17-40mm, ISO 100, Polfilter, Stativ

Lobende Erwähnung

Kerstin Langenberger (GDT) – Deutschland

Feuer und Eis

Die Eruption des Vulkans Eyjafjallajökull zu erleben, war die Erfüllung eines Lebenstraumes. Anfang Mai 2010 befand ich mich nördlich des Vulkans, der Lava ausstieß, die sich durch den Gletscher schmolz. Um das Glühen im Eis sehen zu können, nahm ich lange Wanderungen mit mehreren Flussdurchquerungen auf mich. In der blauen Stunde der kurzen Mittsommernacht schlug das Wetter um, und Wolken senkten sich über den Gletscher. Für einen Augenblick offenbarte sich mir dieser magische Anblick: eine einmalige, für mich sehr emotionale Momentaufnahme dieses so facettenreichen Vulkanausbruchs!

Nikon D700, 2.8/80-200mm, ISO 640, Grauverlauffilter, Stativ

Lobende Erwähnung

Nándor Barbalics – Ungarn

Finnische Stimmung

Im September letzten Jahres fuhr ich nach Lappland, in das Eden der Landschaftsfotografen, um den nordischen Herbst zu genießen. Meine Eindrücke waren geprägt von Seen, Fichtenwäldern, beeindruckenden Wolken, spektakulären Sonnenuntergängen, Pracht, Ruhe und Gleichgewicht. Diese Sinneseindrücke und Empfindungen wollte ich in meine Bilder einfließen lassen, um diese einzigartige Stimmung widerzuspiegeln. Kurz vor einem Gewitter hat mich an einem See dieses Panorama empfangen, und ich habe gleich vermutet, dass es der Glanzpunkt meiner Finnlandreise sein würde.

Nikon D3x, Tamron SP 5.6/350mm, ISO 100, Stativ

Lobende Erwähnung

Georg Kantioler – Italien

Dämmerung in den Dolomiten

Immer öfter gehe ich nachts in die Berge. Besonders dann, wenn sich die Täler mit Nebel füllen, zieht es mich hoch hinauf. Fast die gesamte Nacht habe ich diesmal im dichten und feuchtkalten Nebel am Berg verbracht. Eigentlich hatte ich den nächtlichen Ausflug bereits als vergebens abgehakt. Doch plötzlich öffnete sich im Morgengrauen ein schmales Fenster zwischen der Nebelschicht im Tal und der Wolkendecke über den Gipfeln. Zum Vorschein kamen die markanten Zacken der majestätischen Villnösser Geisler (Südtiroler Dolomiten).

Canon EOS 5D Mark II, 4.0/24-105 mm L IS USM, ISO 100, Stativ

Lobende Erwähnung

Simone Sbaraglia

Italien

Wasserfälle auf Kauai

Kauai ist die nördlichste und älteste der hawaiianischen Inseln mit einer spektakulären, wilden Landschaft, die von Regenwäldern, Steilküsten und Wasserfällen geprägt ist. Die in weiten Teilen unerschlossene und unzugängliche Insel lässt sich am Besten aus der Luft erleben, und so entstand auch dieses Bild von einem der schönsten Wasserfälle auf Kauai aus einem Hubschrauber heraus.

Nikon D300, 2.8/17-55mm, ISO 200

Lobende Erwähnung

Andrew Rouse

Großbritannien

Wasserfall am Austfonna-Gletscher

Jedes Jahr veranstalte ich eine Fotoreise nach Spitzbergen mit der M/S Stockholm. Während dieser Reise im Svalbard-Archipel bot das Krähennest des Schiffes eine wundervolle Aussicht auf die umliegenden Gletscher. Am Austfonna-Gletscher, der in seiner flächenmäßigen Ausdehnung der größte Gletscher Europas ist, hatte sich dieser beindruckende Wasserfall gebildet, den ich mit der Kamera festhielt.

Nikon D3s, 5.6/28-300mm, ISO 800, Polfilter

Lobende Erwähnung

Luis Manuel Vilariño Lopez – Spanien

Schwarzer Strand

Dieser schwarze Strand im südlichen Island erstreckt sich im Schatten eines steilen, fast 900 Meter hohen Berges. Ich verbrachte den Nachmittag damit, diese ungewöhnliche Landschaft zu erkunden und nach möglichen Motiven Ausschau zu halten. Ich entdeckte diesen kleinen bewachsenen Hügel im schwarzen Sand genau zu dem Zeitpunkt, als ein leichter Seenebel aufzog. Ich wartete, bis der Wind die Wolken zu den Bergen getrieben hatte und das weiche Herbstlicht des Abends diese verwunschene Szene beleuchtete.

Nikon D800E, Nikon 2.8/14-24mm, ISO 100, Grauverlauffilter, Stativ

Lobende Erwähnung
Volker Bohlmann (GDT)
Deutschland

Gänse über dem Moorwald

Dichter Nebel liegt im Herbst über dem Galenbecker See. Von weither ertönen Kranich- und Gänserufe. Während der Zugzeit sammeln sich an diesem Flachsee in Mecklenburg-Vorpommern tausende von Vögeln. Es ist immer wieder schön anzuschauen, wie die Tiere am Morgen abfliegen, besonders, wenn sie über das wieder vernässte Niedermoorgebiet mit seinen absterbenden Bäumen ziehen. Mein Wunsch bestand darin, die Vogelwelt mit dieser mystisch wirkenden Landschaft zu fotografieren. Es war nicht immer einfach, den perfekten Standort zu finden. Die Vögel tauchten binnen weniger Sekunden aus den Nebelschwaden über den Bäumen auf. Kurz bevor sich der Nebel auflöste, erfüllten mir die Gänse meinen Wunsch und flogen in Keilformation direkt über mich hinweg.

Nikon D800, 2.8/24-70mm, ISO 400, digitaler Verlauffilter

Sieger

Cristobal Serrano – Spanien

Familienbande

Nachdem ich einen ganzen Tag lang gewartet hatte und die Nacht langsam hereinbrach, wurde meine Geduld endlich belohnt, als sich eine Seekuh (*Trichechus manatus latirostris*) mit ihrem Kalb im letzten Licht des Tages bedächtig dieser wunderschönen Stelle näherte, um in den Seegraswiesen zu fressen. Leider sind diese friedfertigen Pflanzenfresser, die eine Länge von drei bis vier Metern erreichen, seit Jahrzehnten stark vom Aussterben bedroht. Der Erhalt und der Schutz der flachen Küstengebiete, die ihren Lebensraum bilden, stellen die einzige Möglichkeit dar, das Überleben dieser schönen, majestätischen Tiere zu gewährleisten.

Canon EOS 5D Mark II, 2.8/16-35mm L II USM, ISO 400, Seacam UW-Gehäuse

Unter Wasser

Den Preis für dieses Bild stiftet **SPARKASSE LÜNEN**

2. Platz

Manex Cantalapiedra Axpe
Spanien

Mediterrane Landschaft

Dieses Bild entstand auf den Medas-Inseln, die vor der spanischen Mittelmeerküste bei Girona liegen. Die Inseln sind Teil eines der wichtigsten Unterwasser-Schutzgebiete des Mittelmeeres und weisen eine hohe Artenvielfalt auf. Hier sieht man einen Zackenbarsch (*Epinephelus marginatus*) in seiner Höhle, deren Wände mit verschiedenen Korallen (*Paramuricea clavata, Balanophyllia regia*) und Schwämmen bedeckt sind. Um das Überleben dieser vielfältigen Unterwasserwelt zu sichern, ist die Ausweitung der Schutzgebiete dringend nötig.

Nikon D90, 2.8/10.5mm DX G AF, ISO 200, Ikelite UW-Gehäuse, 2 UW-Blitze Subtronic Alpha

Den Preis für dieses Bild stiftet **SPARKASSE LÜNEN**

Lobende Erwähnung
Cristobal Serrano
Spanien

Stromlinienförmig

Die Unterwasserwelt um die Galápagos-Inseln ist geprägt vom Einfluss verschiedener großer Meeresströmungen, wie dem Humboldt-Strom und dem Cromwell-Strom. Diese Strömungen bringen einen Überfluss an Nahrung hervor und bieten so ideale Lebensbedingungen für viele im Meer lebende Tiere, wie diese Seidenhaie (*Carcharhinus falciformes*). Beim Dekompressionsstopp am Ende eines Tauchganges bei Wolf Island begegnete ich diesen drei in Formation schwimmenden Seidenhaien. Der stromlinienförmige Körper dieser Raubfischart hat eine außergewöhnlich glatte Haut, die dem Fisch nicht nur seinen Namen gibt, sondern ihn auch zu einem äußerst schnellen Schwimmer macht, so dass er es mit seinem wichtigsten Beutetier, dem Thunfisch, aufnehmen kann.

Canon EOS 5D Mark II, 2.8/24-70mm, ISO 400, Seacam UW-Gehäuse

Lobende Erwähnung

Willem Kolvoort – Niederlande

Ein neugieriger Karpfen

Im flachen Wasser eines Sees fotografierte ich Karpfen, die sich an einer sandigen Stelle zwischen den Wurzeln eines Baumes versteckten. Das Wasser im See war nicht besonders klar, wie so oft. Einer der Karpfen verschwand, und nur wenig später kam er plötzlich zwischen den Wurzeln zu meiner Rechten hervor, drehte sich zur Kamera und betrachtete mich neugierig. Ich war verblüfft, so nahe war ich einem Karpfen noch nie gekommen.

Nikon D300, Sigma 4.0-5.6/10-20mm, ISO 400, Seacam UW-Gehäuse

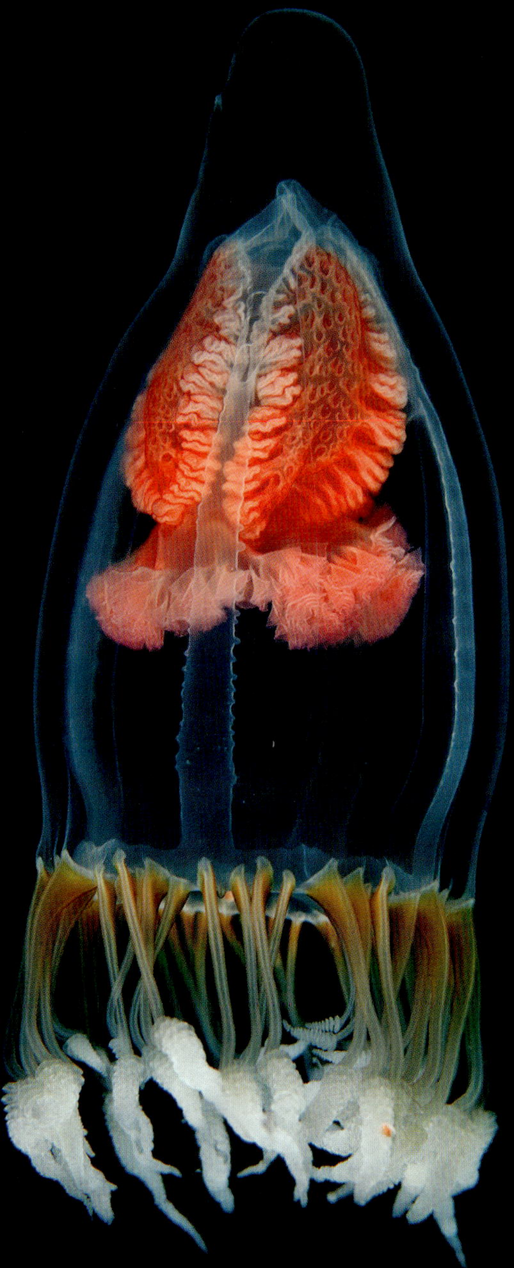

Lobende Erwähnung
Nicholas Samaras
Griechenland

Außergalaktisches Raumschiff

Klimabedingungen und Strömungen haben in der nördlichen Ägäis um Chalkidiki eine einzigartige Unterwasserwelt entstehen lassen, die fantastische Tauchgründe bietet, und in der sich immer wieder besondere Makro-Motive finden lassen. Einer dieser Tauchspots ist „Akti Kalogrias“, nur eineinhalb Stunden von meinem Heimatort entfernt. Viele meiner Bilder sind dort entstanden, so auch dieses. Es dauerte ein wenig, bis ich die nur fingerhutgroße Hydromeduse *Pandea conica* entdeckte, aber dann war ich von ihren anmutigen Bewegungen und der Art, wie ihre zarten Tentakeln den transparenten Schirm mit dem roten Herzen tänzerisch durchs Wasser bewegten, geradezu verzaubert.

Canon EOS 5D Mark II, 2.8/100mm, ISO 100, Sea & Sea UW-Gehäuse, 2 Sea & Sea UW-Blitze

Lobende Erwähnung

Juanma Orta

Spanien

Lungenqualle

Während der Sommermonate kann die Lungenqualle *Rhizostoma pulmo* in den flachen Küstengewässern des Mittelmeeres recht häufig auftreten. Sie sammelt sich dann in großen Gruppen und wird manchmal als Gefahr für Schwimmer angesehen, weil sie ein relativ starkes Nesselgift besitzt. Diese Quallenart ist mit durchschnittlich 40cm Schirmdurchmesser recht groß, wobei einzelne Tiere auch eine Größe von bis zu 90cm erreichen können. Die Population ist in den letzten Jahren stark angestiegen, hauptsächlich deshalb, weil die Zahl ihrer natürlichen Feinde, der Meeresschildkröten, immer weiter abnimmt.

Nikon D300, Nikkor 2.8/10.5mm, ISO 200,
Hugyfot UW-Gehäuse,
2 Sea & Sea UW-Blitze

Lobende Erwähnung

Matthew Doggett – Großbritannien

Auge in Auge

Zusammen mit meinem Kollegen Richard Shucksmith wollte ich Bilder von Basstölpeln unter Wasser machen – eine spannende Herausforderung. Es war nur leider noch nicht die richtige Jahreszeit, denn die Makrelen kommen erst später im Jahr an die Küsten. So beluden wir also ein kleines Boot mit 100kg Fisch und stachen in See. Dank der Fische dauerte es nicht lange, die Aufmerksamkeit der Tölpel auf uns zu lenken. Es war ein temporeiches Unterfangen, und die Anzahl der Fische schrumpfte schnell. Wir hatten also nur wenig Zeit, um Bilder zu machen. Unnötig zu erwähnen, dass wir sehr glücklich wieder abzogen.

Canon 5D Mark II, 4.0/17-40mm L, ISO 200, UV-Filter, Ikelite UW-Gehäuse, UW-Blitze Inon z220

Lobende Erwähnung

Bence Máte – Ungarn

"Sag' Aaah!"

Nachdem ich die Pelikane am Kerkini-See in Nordgriechenland eine Weile beobachtet hatte, beschloss ich, sie unter Wasser zu fotografieren, obwohl das Wasser des Sees dafür eigentlich viel zu trübe ist. Wir bauten einen im See schwimmenden Pool von 15 Kubikmetern auf und verwendeten ein selbst entwickeltes Reinigungssystem, um das Seewasser im Becken zu reinigen. Ich fotografierte von einem Boot aus, wobei ich das Geschehen am Monitor überwachte und die Einstellungen an das sich ständig ändernde Licht anpasste.

Nikon D300, Tokina 3.5-4.5/10-17mm, ISO 400, Stativ, Subal UW-Gehäuse, 2 UW-Blitze SB-800, 2 UW-Blitze Ikelite, Fernauslöser

Lobende Erwähnung

Franco Banfi – Schweiz

Ein Lächeln

Es wirkt wie ein clownhaftes Grinsen, wenn der Grünbürzel-Papageifisch (*Scarus frenatus*) seine kraftvollen Kiefer entblößt. Er lebt von Algen, die er mit seinem „Papageienschnabel" von den Felsen abschabt. Die Familie der Papageifische ist groß und in tropischen Gewässern weit verbreitet. Diese Art kommt unter anderem im Indischen Ozean vor.

Canon 5D Mark II, 2.8/100mm Makro, ISO 50, Subal UW-Gehäuse

Lobende Erwähnung

Nicholas Samaras – Griechenland

Echiichthys vipera

Nur die Augen und die gifthaltigen Rückenflossen schauen heraus, wenn sich die zur Familie der Petermännchen gehörende Viperqueise im Sand versteckt hat. Für Taucher immer wieder ein schönes Motiv für Nahaufnahmen, für Schwimmer hingegen eine latente Gefahr. Ich ziehe ersteres vor, und so freute ich mich über die Möglichkeit, diesen Fisch in nur zwei Metern Tiefe am Ende eines Tauchganges fotografieren zu können. Die Augen des Tieres haben eine fantastische Wirkung: Sie sehen aus wie grün und blau schillernde Edelsteine, umrahmt von einem leuchtenden, teuflisch gezackten Gelb.

Canon EOS 5D Mark II, 2.8/100mm Makro USM, ISO 160, Sea & Sea UW-Gehäuse, 2 Sea & Sea UW-Blitze

Siegerin

Britta Jaschinski – Deutschland

Die Vorstellung

Mit dem Slogan „Das Himmelreich der Tiere macht Menschen glücklich" wirbt der Chimelong International Circus in Guangzhou (China) für seine Vorstellungen. Dreimal am Tag verlässt dieser Orang-Utan (*Pongo pygmaeus*) seinen engen Käfig, um auf die Bühne zu treten und verkleidet die Show des Clowns zu begleiten. Das Publikum johlt und beklatscht sein „Talent". Berichten zufolge werden in ganz China Zirkustiere hinter den Kulissen mit brutalen Trainingsmethoden gedrillt. Die Tiere arbeiten „hart", um die Belohnung aus Futter zu erhalten, aus dem einfachen Grund, weil sie vor der Vorstellung ausgehungert werden.

Nikon F4, Nikon 1.8/85 mm, Tri-X-Pan 400

Mensch und Natur

Den Preis für dieses Bild stiftet **BERLEBACH**

porta brace
Radio-Canada
Télévision Colombie-Britannique

2. Platz
Martin Gregus – Slowakei

Abschiedsvorstellung

Früh am Morgen hörten wir von einem Buckelwal-Kalb, das an der Küste von White Rock (British Columbia), etwa 80 Kilometer von unserem Aufenthaltsort entfernt, gestrandet war. Wir machten uns sofort auf den Weg dorthin, um diesen traurigen Moment im Bild festzuhalten. Als wir ankamen, stellten wir fest, dass der Wal von Reportern und Schaulustigen umringt war. Eine Stunde lange wanderte ich immer wieder um den Wal herum, um den besten Blickwinkel zu finden, und das fast surreal anmutende Geschehen festzuhalten. Leider starb das Tier noch während wir dort waren.

Nikon D800, 3.5-4.5/18-35mm, ISO 100

Den Preis für dieses Bild stiftet **BERLEBACH**

Lobende Erwähnung

Pavel Radosta – Tschechien

Ein Leben in Gefangenschaft

Die Mimik der großen Primaten ist der unseren so erschreckend ähnlich, dass man jedes Mal aufs Neue in der Seele berührt wird. Dieses elf Jahre alte Orang-Utan-Weibchen wurde in einem Zoo in Großbritannien geboren und lebt nun in einem Gehege in der Tschechischen Republik. Ein ganzes Leben in Gefangenschaft …

Canon EOS 50D, 4.0/70-200mm L IS USM, ISO 1250

Lobende Erwähnung

Britta Jaschinski – Deutschland

Gebrochener Bär

Während einer Tiershow im Zoo von Guilin (China) balanciert dieser Kragenbär über ein Drahtseil. Im Juli 2010 hat die zuständige chinesische Behörde Vorstellungen mit Wildtieren in Zoos und Tierparks verboten, aber bislang hält sich kaum einer daran. Dem applaudierenden Publikum mag nicht klar sein, dass Bären nicht freiwillig Fahrrad fahren oder auf Drahtseilen balancieren. Sie führen diese Kunststücke aus, weil sie Angst haben vor dem, was passiert, wenn sie es nicht tun. Dieser Bär wurde trotzdem gestoßen und geschlagen, obwohl er tat, was von ihm verlangt wurde. Nach jedem Trick wird er mit einer kleinen Belohnung gefüttert – sonst bekommt er nichts.

Nikon F4, Nikon 1.8/85mm, Tri-X-Pan 400

Lobende Erwähnung

Daniel Montero – Spanien

Grenzenlos

Nachdem wir stundenlang durch die größte Salzpfanne der Welt, Salar de Uyuni in Bolivien, gefahren waren, hielten wir an, um auf den Sonnenuntergang zu warten. Weit, weit weg von allem, nur Salz und die Wolken in der Ferne. Nur Sechsecke, die die Zeit beobachten. Und die Reifenspur unseres Jeeps. Wir hatten Glück, weit und breit waren keine anderen Menschen zu sehen und auch keine weiteren Reifenspuren. Überall nur Unendlichkeit ...

Nikon D3, Nikon 2.8/17-35mm, ISO 200, Grauverlauffilter, Stativ

Lobende Erwähnung

Oliver Mezger – Deutschland

Après Ski

Mein Bild entstand im August 2012 unterhalb des Kitzsteinhorns bei Kaprun in Österreich. Die sommerliche Wanderidylle wird beim Skigebiet Kitzsteinhorn jäh unterbrochen und verwandelt sich in eine bizarr anmutende Szenerie. Diese ist geprägt von den Folgen der intensiven Wintersportnutzung. „Après Ski" zeigt ein verschmutztes Schneefeld, das mit Folie abgedeckt wurde, um ein Abschmelzen zu verhindern. Und es finden sich noch weitere gravierende Eingriffe: Die Felsformationen wurden zur Herstellung der Abfahrten in Teilbereichen gesprengt. Zusätzlich sind breite, mit schwerem Gerät befahrbare Schneisen angelegt worden.

Nikon D800E, 2.8/14-24mm G ED, ISO 100

Lobende Erwähnung

Roland Seitre – Frankreich

Eine Heimstatt für Flughund-Waisen

Bei einem Besuch des Bat Hospital in Tolga, Australien, entdeckte ich ein Bild von jungen Flughunden. Ich war so begeistert davon, dass ich beschloss, während der Fortpflanzungszeit wiederzukommen. Bei der Arbeit mussten wir sehr schnell sein, um die stressanfälligen Flughundkinder nicht unnötig zu belasten. Dieses Bild spricht einfach jeden an, auch wenn die meisten Leute nicht sagen können, um welche Tierart es sich handelt.

Nikon F5, 2.8/60mm Micro, Fujichrome Provia 100, Aufhellblitz

Lobende Erwähnung

Felix Heintzenberg – Deuschland

Grüne Oase

Im Zuge der Modernisierung der Landwirtschaft ist die Natur mehr und mehr in Randgebiete zurückgedrängt worden. Viele Tiere und Pflanzen wurden in Lebensräume verwiesen, die mit Traktor und Pflug nicht zugänglich sind. Dazu gehören mit Wasser gefüllte Mergelkuhlen, die wie kleine grüne Oasen in einer riesigen Agrarwüste letzte Zufluchtsorte für viele Tier- und Pflanzenarten sind. Hier überleben Restpopulationen von Laubfröschen, andere Amphibien, Insekten und Vögel, die auf den intensiv bewirtschafteten Feldern in der Umgebung keine geeigneten Lebensräume mehr finden.

Canon EOS 7D, 2.8/24-70mm, ISO 400, Luftaufnahme

Lobende Erwähnung

Kai Fagerström – Finnland

Eichhörnchen

In der Nähe meines Sommerhauses liegt mitten im Wald ein altes, verfallenes Gebäude, das ich seit über zehn Jahren regelmäßig besuche, um seine neuen Bewohner, die Tiere, zu fotografieren. Im Laufe der Zeit hatte ich dort viele fantastische Begegnungen. Diese Aufnahme besteht aus zwei Bildern. Zunächst fotografierte ich die Eichhörnchen auf dem alten Herd durch ein Fenster, dessen Scheibe zerbrochen war, und nachdem sie verschwunden waren, schwenkte ich die Kamera nach links und machte ein weiteres Bild. So entstand ein Panorama, das die Stimmung dieses verwunschenen Ortes sehr gut zum Ausdruck bringt.

Nikon D3s, 2.8/24-70mm, ISO 2500

Lobende Erwähnung

Mark Bridger – Großbritannien

Gandalf, der Bartkauz

Das ist Gandalf, der Bartkauz. Er lebt im Knowsley Safari-Park, in der Nähe von Liverpool. Er wurde in Gefangenschaft geboren und sollte eigentlich bei Flugvorführungen mitwirken. Doch bald stellte sich heraus, dass er ein bisschen eigen ist: Weites offenes Gelände behagt ihm nicht, und er fliegt er auch nicht besonders gerne. Er wurde dann an seine jetzige Besitzerin weitergegeben, die, als in Knowsley eine neue Voliere für ihn gebaut wurde, feststellte, dass er es vorzieht, in diesem alten Ziegelhaus zu leben. Dort sitzt er mit Vorliebe am Fenster und beobachtet andere Vögel.

Canon 5D Mark III, 2.8/100mm L Makro, ISO 800

Sieger

Lars Andreas Dybvik – Norwegen

Der Tanz

Auf der ruhigen Oberfläche eines Wasserlaufs fand ich die perfekte Spiegelung einiger großer Bäume, die am Ufer wuchsen. Dort, wo das Wasser etwas schneller über einige Steine floss, verzerrten sich die Reflexionen leicht, und die Bäume erschienen in verschiedene Richtungen gekrümmt. Ich suchte nach einem schönen Bildausschnitt, als ich plötzlich die tanzende Figur entdeckte. Dass sie ein Auge besitzt, ist schlicht und ergreifend Glück: Einige kleine Eisstücke schwammen den Fluss hinab, und eines davon war gerade zum richtigen Zeitpunkt am richtigen Ort. Wieder zu Hause angekommen, drehte ich das Bild auf den Kopf und konvertierte es in Schwarz-Weiß. „Der Tanz" war geboren.

Nikon D800, 2.8/70-200mm VR II, ISO 4000, Stativ

Atelier Natur

Den Preis für dieses Bild stiftet **KÖNIG PHOTOBAGS**

2. Platz

Jan Smit – Niederlande

Eisfisch

Diese Aufnahme eines schmelzenden Eisstücks entstand an einem der beeindruckendsten Orte Islands, dem Gletschersee Jökulsárlón. Der See liegt an der Gletscherzunge des Breiðamerkurjökull und ist mit 248 Metern der tiefste See Islands. An diesem Morgen im August war es sehr ruhig, was vielleicht am Wetter lag, denn es war neblig und regnerisch. Ich hatte schon drei Tage lang am See fotografiert und konzentrierte mich nun auf kleinere Eisstücke. Mit etwas Fantasie lassen sich alle möglichen Wesen im schmelzenden Eis entdecken, eines davon war dieser Eisfisch.

Canon EOS 5D Mark II, 2.8/300mm, 1.4x Konverter, ISO 640, Stativ

Den Preis für dieses Bild stiftet **ELTIMA ELECTRONIC**

Lobende Erwähnung

Juan Francisco Martinez Tapia – Spanien

Verletztes Herz

Dieses Bild ist Teil einer Serie, die sich mit Eukalyptusbäumen beschäftigt. Ich habe es „Verletztes Herz" genannt, denn genau so erscheint der Fleck des Baumsaftes, der sich um einen klaffenden Schnitt in der Rinde des Eukalyptusbaumes ausbreitet. Narben der Zeit ...

Canon 5D Mark II, 2.8/100mm Makro, ISO 200, Stativ

Lobende Erwähnung

Pedro Javier Pascual Hernandez – Spanien

Formen

In der Natur finden wir eine Vielzahl von Formen, Texturen und Farben, die uns zum Träumen und Fantasieren inspirieren, insbesondere dann, wenn wir uns ihnen nähern und sie genauer betrachten. In diesem minimalistischen Bild erschien mir das kleine Blatt mit dem Wassertropfen als sehr attraktiv und ausdrucksstark. Trotz der Einfachheit erkannte ich, dass es ein großes fotografisches Potenzial besaß. Ich verbrachte viel Zeit damit, herauszufinden, welcher Blickwinkel der Günstigste war und machte verschiedene Aufnahmen, nur mit den Farben war ich noch nicht ganz zufrieden. So wartete ich, bis das Licht wärmer wurde und das Motiv an Stärke gewann. Ich machte mehrere Aufnahmen aus verschiedenen Perspektiven, aber dieses Bild hat mich am meisten überzeugt.

Nikon D300s, Sigma 2.8/105mm, ISO 200

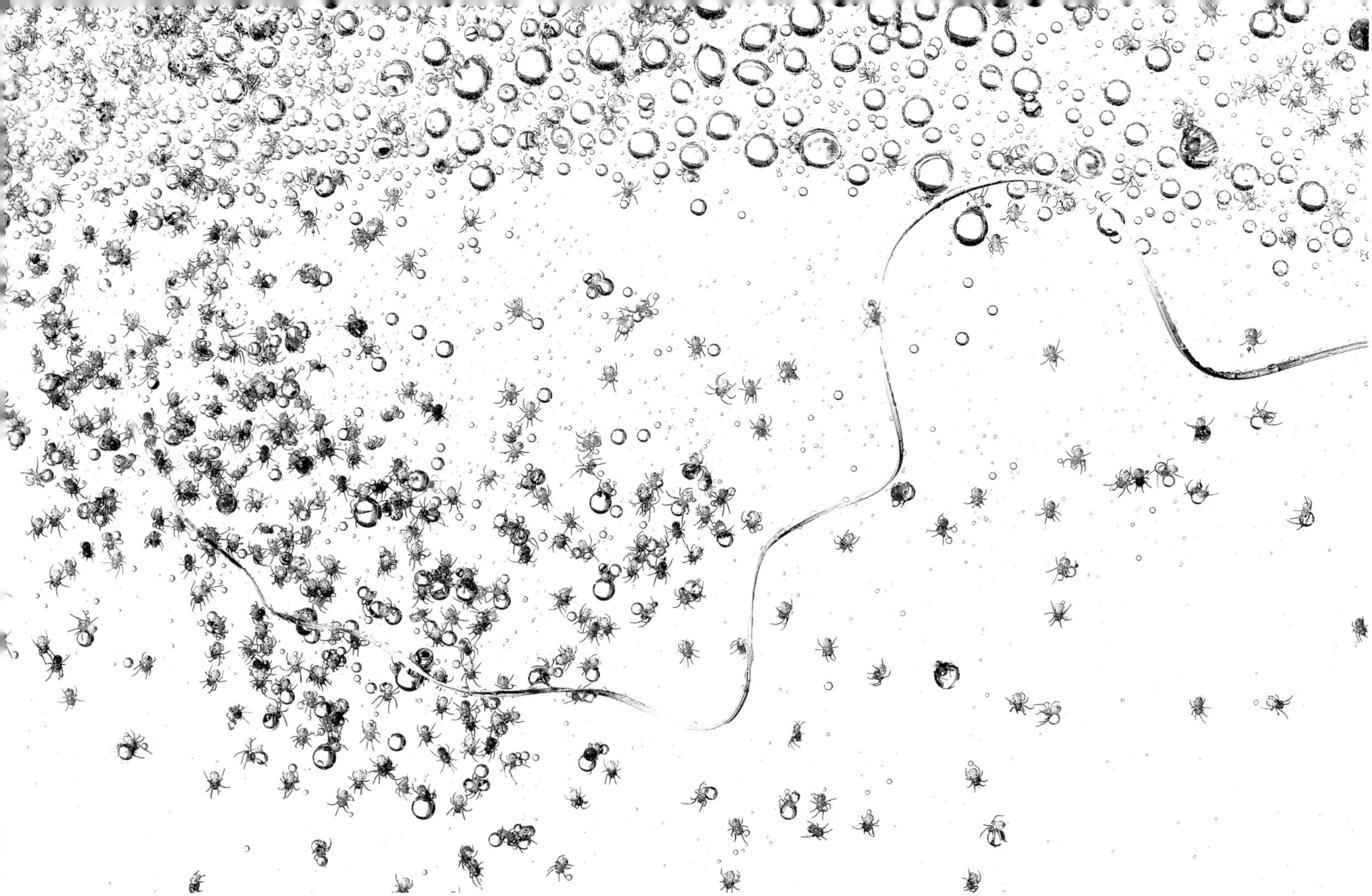

Lobende Erwähnung

Jose Francisco Mingorance – Spanien

Das Gewebe des Lebens

Dieses Highkey-Schwarz-Weiß-Bild zeigt frischgeschlüpfte Wespenspinnen, eine Spinnenart, die im Süden Europas häufig anzutreffen ist. Bei der Geburt sind die kleinen Spinnen gerade einmal so groß wie ein Stecknadelkopf. Das fast unsichtbare Netz der Spinne scheint ihnen als Kinderschaukel zu dienen. Ein paar Tautropfen und ein kleiner Grashalm als Gestaltungselemente runden das Bild ab.

Nikon D3s, 2.8/105mm Makro, ISO 200, 3 Blitze, Stativ

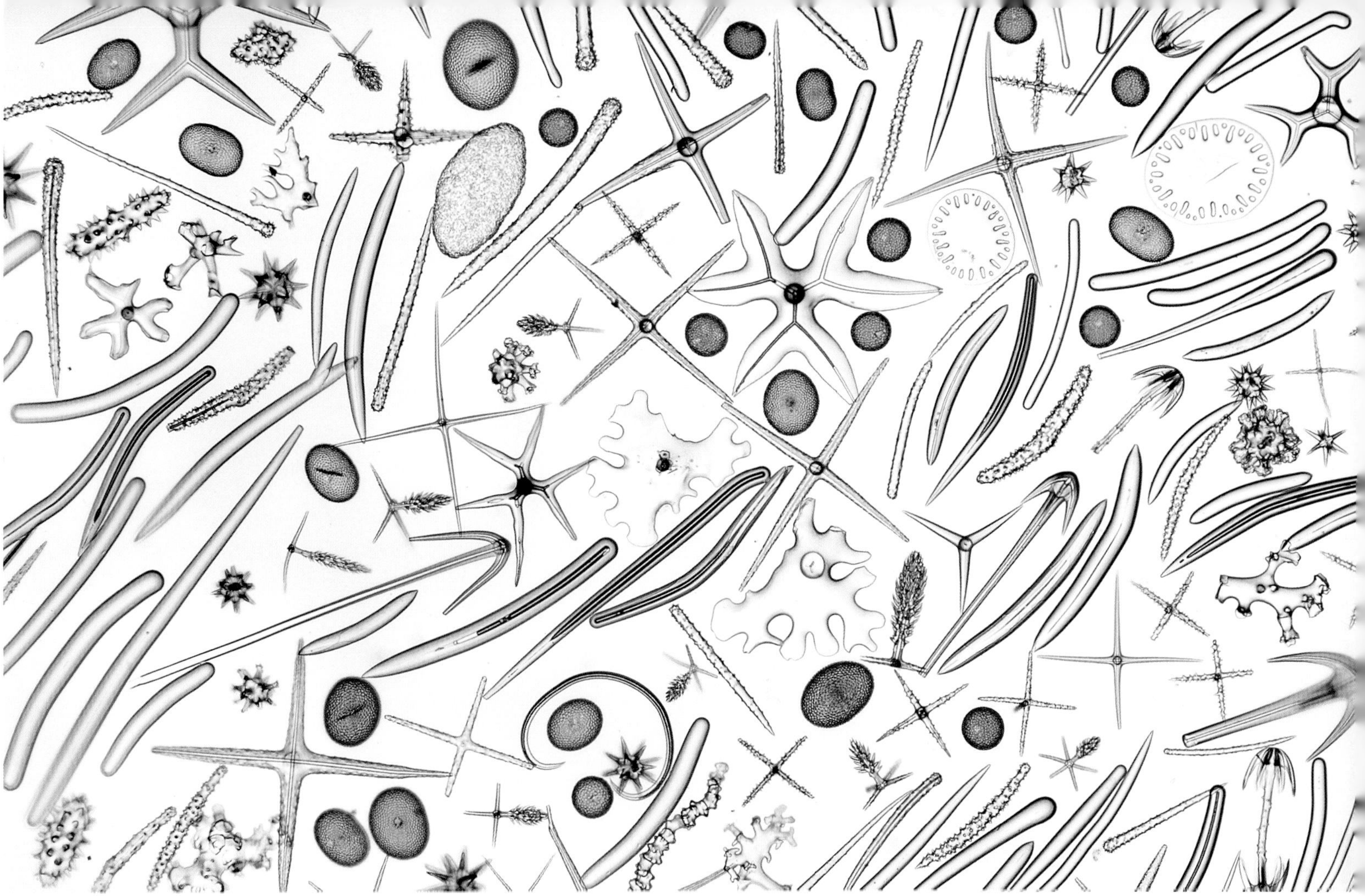

Lobende Erwähnung

David Maitland – Großbritannien

Natürliches Glas

Schwämme sind sesshaft und wirken völlig wehrlos. Tatsächlich ist ihr Körper jedoch gespickt mit scharfen Silikat-Nadeln, also mit Glas. Kunstvoll, in einer Vielzahl von Formen, sieht jedes Gefüge anders aus, je nachdem, um welche Schwammart es sich handelt. Diese Glasnadeln, die sogenannten Spicula, versteinern ohne weiteres und lassen sich daher auch in Fossilien finden. Diese hier stammen von Fossilien aus Ungarn.

Canon 5D Mark II, Mikroskop Objektiv, Olympus BX51 Mikroskop, ISO 50

Lobende Erwähnung

Sami Karjalainen – Finnland

Flügel einer Prachtlibelle

Dieses Bild entstand im Rahmen eines Buchprojektes über Prachtlibellen. Die Art *Vestalis melania* kommt auf den Philippinen vor und hat die wohl schönsten Flügel unter allen Prachtlibellen. Die Flügel der Weibchen schillern in allen Farben, die sich je nach Lichteinfall verändern. Der abgebildete Ausschnitt des Flügels ist gerade einmal 7mm breit.

Canon EOS 5D Mark II, Canon MP-E 2.8/65mm, ISO 400, Stativ,
Focus Stacking aus 104 Bildern

Lobende Erwähnung

Sylvie Sévellec Téphany – Frankreich

Überfüllt

In einer nassen Senke im Wald hatte sich im Herbst ein kleiner Weiher gebildet. Ein Teil der im Wasser stehenden Bäume war durch die Nässe abgestorben, während die umstehenden Bäume in den schönsten Herbstfarben leuchteten. Um den toten Stämmen wieder Leben einzuhauchen, verwendete ich die Mehrfachbelichtungsfunktion meiner Kamera, indem ich das bunte Herbstlaub mit den toten Baumstämmen verschmolz. Heraus kam dieses impressionistisch anmutende Bild.

Nikon D800E, 2.8/70-200mm, ISO 100, Stativ

Lobende Erwähnung
Erlend Haarberg
Norwegen

Landeyjasandur

Eine Luftaufnahme von Wasserläufen in Landeyjasandur, Island. Sich verzweigende Flussläufe, die Schmelzwasser der Gletscher, Sand und Eisenerz führen, bilden verschlungene Muster in den Flussmündungen an Islands Südküste. Von Land aus erscheinen die Deltas grau und unspektakulär; erst aus der Luft erkennt man die wahre Schönheit dieser faszinierenden, farbenfrohen Landschaft.

Nikon D700, 2.8/80-200mm D, ISO 320

Lobende Erwähnung

Daniel García Pelillo

Spanien

Blaumeise und Schlehe

Die spezielle Technik, mit der ich dieses Bild aufgenommen habe, wende ich nun schon seit einigen Jahren an. Meiner Meinung nach hat sie zwei grundlegende Vorzüge: Zum einen wird der Blick des Betrachters ohne Ablenkung auf das vor weißem Hintergrund freigestellte Motiv gelenkt, zum anderen erinnert ein solches Bild viel eher an ein Gemälde als an eine Fotografie. Wenn ich auf diese Weise Motive wie Vögel auf blühenden Zweigen mit Hochgeschwindigkeitsfotografie aufnehme, entstehen Ergebnisse, die in der Tradition japanischer Malerei stehen, eine Kunstrichtung, die mich seit jeher begeistert hat. Es ist für mich eine spannende Herausforderung, hochmoderne Fototechnik der Gegenwart mit der historischen fernöstlichen Kunstauffassung zu kombinieren.

Nikon D200, 2.8/80-200mm, ISO 200, Blitzgeräte, Diffusor, Fernauslöser, Stativ

Fritz Pölking Preis 2013

Fritz Pölking, Gründungs- und Ehrenmitglied der Gesellschaft Deutscher Tierfotografen, hat wie kein Zweiter die Naturfotografie in Deutschland geprägt. Seine Arbeit ist vielfach international ausgezeichnet worden, viele seiner Bilder haben ihren Platz im kollektiven Gedächtnis gefunden. Mit zahlreichen Büchern, Vorträgen und Workshops erreichte Fritz Pölking Menschen auf der ganzen Welt, sein Werk war und ist Inspiration und Ansporn für unzählige Fotografen.

Zur Würdigung der Verdienste des Fotografen Fritz Pölking verleiht der Tecklenborg Verlag in Zusammenarbeit mit der GDT den Fritz Pölking Preis und den Fritz Pölking Nachwuchspreis. Der Preis wird für ein herausragendes fotografisches Werk vergeben. Dies kann ein naturfotografisches Projekt oder ein Portfolio sein.

Kommentar der Jury

von Florian Möllers (für die Jury)

In beiden Altersgruppen konnte die Jury die Einsendungen bereits nach wenigen Durchgängen auf die wirklich überzeugenden Portfolios eingrenzen. Die vier Finalisten lagen bei den Erwachsenen dann sehr dicht zusammen: allesamt fotografisch anspruchsvoll und preiswürdig, in ihren Themen allerdings grundverschieden. Stark auch die Serien der besten Nachwuchsfotografen. Am Ende waren es die stärksten Einzelbilder innerhalb einer Serie, die dem Sieger einen hauchdünnen Vorsprung verschafften.

Portfolio Pål Hermansen

Natürlich ist Google an allem schuld. Daran, dass man viel Tapferkeit und Gleichmut aufbringen muss, wenn man sich „Blaumeise", „Bilder", anzeigen lässt: viel blau, viel gelb, viel keck, auf Zweig oder im Schnee, am Futterhaus oder an Knödeln.

Testen Sie sich! Denken Sie an die Ergebnisse Ihrer Lieblingssuchmaschine für weitere Stars des diesjährigen Siegerportfolios: „Rotkehlchen" und „Rote Waldameise", „Singdrossel" und „Zaunkönig", „Waldmaus" und „Eichhörnchen". Und jetzt denken Sie an Bilder dieser Arten, so wie Sie selbst sie gerne machen würden.
Ob Ihre Vorstellungskraft so weit reicht oder bizarr genug ist, um mit der von Pål Hermansen mitzuhalten, können wir nicht beurteilen. Fest steht, dass der Norweger ein ums andere Mal den Spieß der Bildklischees mit Schwung für uns herumreißt. Er öffnet unseren Blick, bisweilen schockiert er uns, oft genug verblüfft er mit Ironie und Skurrilität, schaut hinter die Kulisse unserer Naturästhetik, wirft Sehgewohnheiten mir nichts dir nichts durcheinander und stellt unseren Geschmack auf eine harte Probe.

Dass er daneben auch sehr poetisch fotografieren kann, zeigt sein siegreiches Portfolio. Ein Autofriedhof als Kulisse und sein Gespür für die Inszenierung des Miteinanders von Tier und Mensch enthüllen im Zusammenspiel mit den besten fotografischen Tugenden einen etwas anderen Alltag von Allerweltsnatur. In diesem wundervollen Bildermärchen ist jedes einzelne Bild auf den Punkt gestaltet und ins rechte Licht gesetzt, überraschend und eindringlich zugleich in dem stillen Durcheinander von Lebendigkeit und Verfall.

Die Jury 2013

v.l.n.r. Florian Möllers (DE), Naturfotograf
Dr. Hans-Peter Schaub (DE), Naturfotograf & Chefredakteur NaturFoto
Marc Hesse (DE), Wettbewerbsleiter
Ariane Müller (DE), Naturfotografin
Hubert Tecklenborg (DE), Tecklenborg Verlag
Gisela Pölking (DE), Naturfotografin

Pål Hermansen präsentiert sein Thema genauso geradlinig und distanziert wie intim und verträumt, ein Musterbeispiel anspruchsvoller Naturfotografie.

Portfolio Hermann Hirsch

„Mein Name ist Hermann Hirsch, und ich bin 19 Jahre alt. Ich wohne im Herzen des Ruhrgebiets, in Dortmund."

Klingt wie „Echte Liebe", ein Statement, an dem Jürgen Klopp seine Freude hätte! Ganz besonders darüber, dass ein junger Fotograf aus den eigenen Reihen den alten GDT-Hasen 2013 bereits die Schau stahl. „GDT Naturfotograf des Jahres 2013" ist er also schon und bleibt auch in dieser Bilderserie seiner Liebe, der Fotografie vor der Ruhrpotthaustür, treu.

Schauen Sie sich nur dieses Rotkehlchen in der Stechpalme an – haben Sie den zarten Vogel so schon einmal gesehen? Da kann die Silhouette eines anderen Rotkehlchens nicht mithalten – ist aber trotzdem wunderschön und von so anderer Wirkung, das sie ihren eigenen Platz behauptet. Dagegen das extrem platzierte Reh inmitten unscharfer Kulisse: es bricht mit allen GDT Klischees – so es sie denn noch gibt (oder jemals gab), herrlich! Wo wir gerade davon sprechen: was für eine Art und Weise, einen Schwarzspecht zu fotografieren – großartig, findet die Jury. Dazu gesellen sich das Talent und der Respekt des Naturforschers bei der Aufnahme von einem nur Minuten alten Flussregenpfeiferküken. Oder bei der des Jungfuchses: so eine Begegnung und das anschließende Bild muss man sich mit Geduld und Geschick erarbeiten. Man mag es traumhaft oder kitschig finden, das Bild der Höckerschwanfamilie im Morgennebel mit Pfirsichtouch – egal wie, es ist fotografisch sehr schön umgesetzt. Außerdem traut der junge Fotograf sich was, gestaltet sicher oder provokant, mit Weitwinkel oder Tele. Etwa beim spotbeleuchteten Blick auf ein Eichhörnchen oder bei den geisterhaften Zerrbildern von Krähen im roten Abendhimmel. Ganz offensichtlich weiß Hermann Hirsch nur allzu gut um seine Motive und die Orte, wo er sie im besten Licht antreffen und fotografieren kann. „Echte Liebe" eben, in Bildern, von Natur vor der Haustür, Kompliment.

Gewinner des Fritz Pölking Preises 2013

www.palhermansen.com

Pål Hermansen – Norwegen

Neben seiner medizinisch-wissenschaftlichen Tätigkeit arbeitet Pål Hermansen, geboren1955 in Oslo, seit 1971 als freier Fotograf, Künstler und Autor. Seine künstlerische Laufbahn ergänzte er zwischen 2004 und 2008 mit einem Abschluss in Kunst und Fotografie am Robert Meyer College of Arts in Oslo. Im Laufe der Jahre hat er sowohl als Autor wie auch als Fotograf 25 Bücher veröffentlicht. Darüber hinaus sind seine Beiträge in weiteren 12 Büchern erschienen, darunter auch ein Portfolio in 10 Masters of Nature Photography, das im September 2013 erscheint.

Seine Bilder wurden weltweit in Zeitungen und Magazinen veröffentlicht, darunter GEO, BBC Wildlife Magazine, Stern, New York Times, Terre Sauvage, Camera Natura und Outdoor Photography.

Mit seinen Multivisionsshows und Vorträgen reist er durch ganz Europa. Er war Jurymitglied bei mehreren bedeutenden Fotowettbewerben und als Fotograf am Projekt „Wild Wonders of Europe" beteiligt.

Pål Hermansens Arbeiten werden weltweit in Ausstellungen gezeigt; seine Bilder wurden in vielen angesehenen Wettbewerben ausgezeichnet, darunter „Veolia Environment Wildlife Photographer of the Year 2012" und „International Photography Awards (IPA) California 2012", um nur die jüngsten Auszeichnungen zu nennen.

Den Fritz Pölking Preis stiftet

Tecklenborg Verlag

Gewinner des Fritz Pölking Nachwuchspreises 2013

Hermann Hirsch, GDT – Deutschland

Hermann Hirsch, 19 Jahre, lebt im Herzen des Ruhrgebiets, in Dortmund. Hier wurde er seit frühester Kindheit durch seine Eltern mit der Natur konfrontiert. Die Liebe zur teilweise versteckten heimischen Flora und Fauna, die dabei entstand, hat ihn seither nicht mehr verlassen. Nachdem er einige Zeit im NABU tätig war, fing er im Alter von 15 Jahren – Anfang 2009 – mit der Naturfotografie an, um anderen Menschen die versteckten Schönheiten des Ruhrgebietes zu zeigen und sie so für ihren Schutz zu motivieren. Das Hobby wurde nach und nach zur großen Leidenschaft. Heute reist Hermann, soweit es ihm möglich ist, durch Europa, um über die heimische Natur hinaus Regionen unterschiedlichster Art zu fotografieren. Im März 2013 schloss er erfolgreich die gymnasiale Oberstufe ab und versucht sich seitdem in unterschiedlichen Berufsbereichen. Egal was dabei schließlich herauskommen wird, eines ist sicher: Die Naturfotografie und die Liebe zur Natur werden ihn auch in Zukunft immer begleiten!

www.hermann-hirsch.de

Den Fritz Pölking Nachwuchspreis stiftet

Tecklenborg Verlag

www.AC-FOTO.com Ihr Fotoversand

Fritz Pölking Preis 2013
Pål Hermansen – Norwegen

Ein Autofriedhof als Naturraum

Natur zu erleben, ist für mich eine existenzielle Frage. Ohne die Möglichkeit, mich draußen aufzuhalten, erscheint mir das Leben nicht lebenswert. Fotografie gibt mir die Möglichkeit, noch tiefer in die Natur einzutauchen und ihre vielfältigen Erscheinungsformen wahrzunehmen, sowohl die Landschaft selbst, aber auch die in ihr vertretenen Lebewesen. Mit unserer fotografischen Tätigkeit können wir die Belange des Naturschutzes nachhaltig unterstützen – ein wichtiger Aspekt der Naturfotografie! Um das zu erreichen, müssen wir die Menschen aufrütteln und vor allem die Kinder einbeziehen, denn sonst entfremden wir uns als Spezies Mensch immer mehr von unserer Umwelt, die dann zu einem theoretischen Wert verkommt. Aber es ist auch wichtig, in den Bildern eine Verbindung zum Menschen herzustellen, und deshalb ist die Interaktion zwischen Mensch und Natur eines meiner Lieblingsthemen.

Den 60 Jahre alten Schrottplatz in Mittelschweden besuche ich schon seit längerem regelmäßig. Von Anfang an faszinierte mich der Platz wegen des vielfältigen Lebens dort – alle möglichen Tiere und Pflanzen haben dort einen Lebensraum gefunden. Es ist ein bisschen wie bei den alten Schiffen, die manchmal versenkt werden, um künstliche Riffe und damit Lebensraum für die Unterwasserwelt zu schaffen. Die Autowracks bieten Vögeln und anderen Tieren Verstecke und Nistmöglichkeiten und stellen für manche Pflanzenarten eine Art Treibhaus dar. Die Dichte an Vogelnestern ist hier zum Beispiel deutlich größer als im Wald.

Die Naturschützer der Kommune sähen es gerne, wenn die Autos entfernt würden; die Kulturinteressierten dagegen wollen daraus ein Kulturdenkmal machen. Ich hoffe, dass Erstere bald erkennen, dass sich die Natur hier bereits selbst zu ihrem Recht verholfen hat, und dass sie schließlich mit den Kulturschützern an einem Strang ziehen werden, um ein kombiniertes Natur-Kultur-Denkmal zu schaffen.

Eichhörnchen

Dieses Eichhörnchen ist ein regelmäßiger Besucher des Autofriedhofes; zu seinen Lieblingsplätzen gehört das „Maul" eines alten Simca.

Blaumeise an ungewöhnlichem Nistplatz

Diese Blaumeise hat tief im Benzintank eines alten Autos den perfekten Nistplatz gefunden. Höhlenbrüter, aber auch Vögel, die offenes Gelände bevorzugen, finden auf dem alten Schrottplatz zahlreiche Brutmöglichkeiten.

Ein Haus mit Terrasse und Ausblick

Das scheue Singdrosselpärchen hat in einem alten Opel den richtigen Platz gefunden, um seine Jungen großzuziehen.

Invasion der Ameisen

Auf dem Rücksitz dieses luxuriösen Opel Rekords haben Ameisen ihren Hügel errichtet – gut geschützt vor Regen und schön warm. Sie müssen weite Wege zurücklegen, wobei sie in Massen durch den leeren Rahmen der Heckscheibe krabbeln.

Meisen-Silhouette

Im Winter sieht man oft Vögel bei der Futtersuche in den Autos und auf den umliegenden Brachflächen, wo viele überwinternde Insekten und Samen zu finden sind.

Schwebfliegen-Landeplatz

Die artenreiche Pflanzenwelt der Brachflächen zieht viele Insekten an. Diese Schwebfliege hat einen „Luftverkehrsknotenpunkt" in der Nähe eines alten Ford Anglia eingerichtet.

Blaumeise im Winter

Die Blaumeise hat gerade die Futtersuche in einer schneefreien Mulde zwischen alten Saabs beendet und fliegt weiter zur nächsten Stelle.

Mäusespeicher

Als ich im Winter auf die Dämmerung wartete, fiel mir auf, dass auch viele Mäuse die alten Autos nach Futter absuchten. Diese Gelbhalsmaus hatte sich an meine Anwesenheit gewöhnt und kletterte in dem alten IFA herum, in dem sie ein Vorratslager angelegt hatte.

Die Kraft der Natur

Diese in einem alten Volkswagen wachsende Birke hat bereits beträchtliche Ausmaße angenommen und beweist, wie stark die Natur manchmal sein kann. Die abgewrackten Fahrzeuge wirken oft wie Gewächshäuser, in denen die Pflanzen schneller wachsen können als im Freien.

Fritz Pölking Nachwuchspreis 2013
Hermann Hirsch, GDT
Deutschland

Wildes Ruhrgebiet

Das Ruhrgebiet – für viele der Inbegriff der Urbanität. Überall ragen graue Betonbauten, Zechen und Industriegebiete aus dem Boden. Die Natur hat dort kaum Platz sich zu entfalten und wird nur wenig berücksichtigt. Doch wenn man, wie ich, mit offenen Augen durch das Ruhrgebiet läuft, lassen sich an beinahe jeder Ecke wunderschöne Naturoasen mit unerwarteten tierischen Bewohnern finden. Die Natur kehrt zurück. Um diesen Kontrast deutlich hervorzuheben, habe ich bei meinen Bildern sehr darauf geachtet, keinerlei städtische Elemente einzubeziehen, um so das „Wilde Ruhrgebiet" in den Vordergrund zu stellen. Ganz besonders in ehemaligen Industriegebieten und Abwassergräben, die noch vor wenigen Jahren von den Tieren gemieden wurden, entwickeln sich geeignete Rückzugsmöglichkeiten für diverse Arten. Anders als in der Vergangenheit, sieht der Mensch immer stärker ein, dass die Natur und ihre Bewohner für ihn einen sehr hohen Stellenwert haben und schützenswert und in keiner Weise zu vernachlässigen sind. Mit diesem Portfolio versuche ich, den Naturschutz in meiner Heimat, dem Ruhrgebiet, weiter zu fördern und möglichst vielen Menschen die Schönheit der hiesigen Natur zu vermitteln.

Verborgen im Dickicht

Häufig sieht man sie auf der Suche nach Nahrung über den Boden springen. Sobald jedoch die Dämmerung hereinbricht, ziehen sich die Rotkehlchen gerne ins schützende Dickicht zurück, um die für sie typischen melodischen Lieder zu singen.

Farbtupfer

Im Winter scheinen die Rotkehlchen noch mehr zu leuchten als ohnehin schon.

Im Zauberwald

Der Schwarzspecht ist im Ruhrgebiet leider eine bedrohte Art, und man begegnet ihm in den Städten alles andere als häufig. Hört und sieht man ihn dann doch einmal, fasziniert er nachhaltig.

Mutig

Geradeaus eine Bahnlinie, links eine Siedlung, rechts eine Hauptstraße, hinter mir die Stadt. Füchse sind in Städten nicht sehr wählerisch, was ihren Lebensraum anbelangt. Ein kleines ruhiges Plätzchen kann schon reichen, um einen ganzen Wurf junger Füchse großzuziehen.

Kletterkünstler

Eichhörnchen gehören wohl zu den elegantesten Kletterern unserer Heimat. Ohne Probleme kommen sie auf jeden Baum und in jeden Busch, und manchmal bezwingen sie sogar Hauswände.

Industriebrachen

Auf vegetationsarmen Industriebrachen fühlen sich die Flussregenpfeifer wohl. Daher gehören solche Flächen in Nordrhein-Westfalen zu den von ihnen am häufigsten genutzten Brutplätzen. Diese Nistplatzwahl führt jedoch leider oft zu Gelegeverlusten durch unachtsame Spaziergänger oder freilaufende Hunde.

Gartenbewohner

Ein bis zwei Stunden nach Sonnenuntergang kommen die Igel aus ihren Tagesverstecken und begeben sich in den Gärten der Vororte auf Nahrungssuche.

Primaten der Lüfte

Auch wenn Rabenvögel vielerorts einen schlechten Ruf haben und sogar als Todesboten gelten, gehören sie zu den klügsten Vögeln überhaupt. Gerade im Winter kann man häufig große Ansammlungen dieser schönen Tiere beobachten.

Kulturfolger

Rehe leiden in den Städten zwar vielerorts an rapidem Lebensraumverlust, doch können sie sich durch eine sehr versteckte Lebensweise und die Nutzung von bewirtschafteten Flächen recht gut anpassen.

Bergsenkungsgebiete

Durch den Abbau von Kohle sind im Ruhrgebiet nach und nach verschiedene Bergsenkungsgebiete entstanden. Diese füllen sich häufig mit Wasser und bieten neuen Lebensraum für zahlreiche Wasservögel.

Jury´s comment

Originality and creativity, understood as the abilities to create images with a character no one else can imitate, become decisive elements when judging a huge set of images. You might think everything in photography is made and done, and all that remain is copy after copy. Or you might think talent has nothing to do with the digital revolution, photography democratization, or any other fashionable stuff. Within the limits of nature photography, originality ends where an image tries to mimic someone else's creation. One should also keep in mind that shooting images to accommodate a trend can by no means be original. Originality has nothing to do with playing with bokeh or slow shutter speeds, quite the opposite, it is about being able to communicate and evoke feelings in a personal, unique way. It is the result of a mental process, and this should be reflected in the image. Thus, learning the difference between inspiration and copying becomes the most powerful tool to be honest both to ourselves and to others, about understanding the difficult issue of talent. Nature photography, beyond the limits of documentary photography, provides an endless field for the human spirit to develop, but it turns into a waste of time if displaying technical skills and gadgets become all too important and there is no story to tell. The digital revolution, although it may have had a great impact on many of us, is just one more episode in the history of photography, and now after the storm, fortunately the art of communicating feelings and ideas, which was always at the core of photography, is step by step recovering its temporarily lost domains.

Photo competitions worldwide try to acknowledge creativity, but in doing so, they inevitably call the tune, so they are also contributing to a loss of creativity. Thus, the paradox is served. The art of photography is one of those human inventions conceived during our never-ending race for the chimera of freedom. But as the social animals that we are, we also need to find our way within our human society, which unfortunately often leads to acting as is expected, not as ourselves. Once more, the eternal conflict between the individual and society shows up. Sadly, some of us have heard some photographers saying their images were specifically produced with the aim of winning a photo contest. And so it is happening, the overvalued importance to succeed in competitions has started to produce a new species of photographers, the competition nature photographer. This is both worrying and frustrating because our collective is one of the very few strong voices left for nature´s conservation. If we choose to focus on self-promotion, instead of speaking for nature, we are acting in a way that is not too different from a lumberjack .

The judgement process has been a true exercise of resignation and self-effacement for all of us, since none of the entries, with the overall winner being the only exception, was accepted unanimously by all of us. Although unison agreement could be considered a virtue, in the end the diverse jury of old hands, young photographers, art lovers and documentary specialists from four European countries ensured a loyal and thorough judging procedure.

There were most magical moments when a particular entry got support from only one member of the jury, who then applied his or her string of arguments and finally convinced enough people to pass the entry on into to the round. This act of convincing and being convinced was probably the most personally enriching experience of the entire process.

Living in the age of social media, it was inevitable that some images were already familiar to some of us, but this did not prove to be a major problem. As photographers everybody in the jury understood the sometimes conflicting points of the world wide web and photography competitions and the need to promote your own images. In any case, this should not be a reason to exclude an excellent image from the competition.

This year's entries were a bit of everything. A lot of average images, a lot of copied styles, repetitive concepts, badly processed images, and even many images that did not comply to the competition rules at all. But above all, it was particularly frustrating to see the many lost opportunities when unique species, behaviour patterns or places were being portrayed in an average fashion: once, the combination of something unusual found in nature and the application of master photography techniques used to be the holy of holies in nature photography.

But we have also had the extraordinary privilege of seeing some outstanding images that formed a unity of body and soul achieving the simple goal they were made for: reaching out to touch the observer.

The jury 2013

Marc Hesse (DE), Competition Manager
Jasper Doest (NL), Nature Photographer
Jan van der Greef (NL), Nature Photographer
Angel M. Fitor (ES), Nature Photographer
Sandra Bartocha (DE), Nature Photographer
Jan-Peter Lahall (SE), Nature Photographer
not in the image:
Claudia Müller (DE), Nature Photographer
Sebastian Hennigs (DE), Nature Photographer

For the first time in the history of the GDT European Wildlife Photographer of the Year competition, an underwater image has being awarded the overall winner. This has a remarkable significance to our community, much more than one might think at first glance. This decision proves that the German GDT as a collective of nature photographers of rather academic character with an emphasis on „land photography", fully recognizes the underwater world as part of nature – a notion that is by no means commonplace among photography communities around the world.

Equally important, underwater photographers themselves are starting to view underwater photography as part of the nature photography scene, rather than the industry-driven diving circuit.

Since its early days, diving has been strongly linked to a supporting industry despite its developing into a mainstream pastime for the masses. Subject matters were highly influenced by technical issues, and for decades this was also true for underwater photography as there are so much resources and equipment involved.

However, we may finally be coming to a point where talking about underwater photography actually means talking about underwater photography. Our dying oceans certainly need more truly dedicated photographers, artists and communicators committed to conservation instead of more tourists looking for short-term pleasure and satisfaction during their holidays.

In this world of overstimulation it is also truly refreshing that the winning image does not show some spectacular species but small, silvery fish and a sponge, some of the simpler living beings on Earth.

In every ocean, lake, river, stream or even water drop there is still a whole world to be discovered through our lenses providing a huge field for documentation, creativity, art and culture, and also the chance to raise awareness for aquatic habitats to the same level other environments have already gained thanks to photography. We believe this is a great step in the right direction to think of underwater photography as a part of nature photography as a whole. Hopefully, the best of both worlds will produce some outstanding images that will give voice to the threatened marine habitats of our planet.

Angel M. Fitor (for the jury)

Birds

Zoltán Gergely Nagy – Dawn at Bass Rock

Northern gannets nesting on the Scottish island of Bass Rock. This rocky island with its steep cliff face is home to one of the largest single rock colony of northern gannets in the world. Due to bad weather and rough seas, we were not sure whether we would be able to land at all. We circled the island in our small fishing boat when all of a sudden the morning sun broke through the clouds, dramatically illuminating this wild scene.

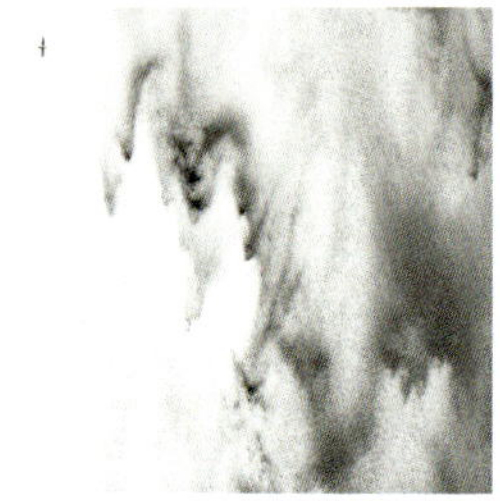

Theo Bosboom (GDT) – Fulmar at waterfall

Because of the possibility to walk and stand behind its cascading water masses, the Seljaland waterfall in Iceland is a famous spot with tourists. On a photo trip last winter, I decided to photograph the fulmars that were circling the waterfall from behind the curtain of water to provide a new and uncommon view of these animals. For more than an hour I tried to get the image I had in my head. I got soaking wet but in the end was more than happy with the result.

Pål Hermansen – Attack

For quite some time I yearned for an image that would display such a fundamental moment in time of the natural world: eat or be eaten. To me, this is more than mere documentation, it is, in fact, a situation of vital significance. As the action is so fast and you have to react before it happens, you need the chance to try several times. This feeding place attracted many jays, which a family of sparrow hawks also soon noticed. In autumn they visited the jays regularly and there were several attacks each day.

Stefan Christmann (GDT) – Group hug

The „huddle" is the king penguins' secret weapon against the bitter frost of Antarctica. In this specific strategy the birds huddle close together to keep each other warm. On my birthday at the beginning of October I had the chance to observe a huddle-exercise of the young penguins for the first time. Temperatures dropped well below - 30°C as the sky cleared, and all the chicks suddenly moved to the one spot. Some of them were too impatient to wait for their turn to move to the extra-warm middle of the huddle, they took a short cut instead: a short run-up followed by a brave jump and a subsequent crash-landing put them almost instantly in the middle of the warmth-providing group - but only until the next feathery ball would come flying to claim the spot.

Jose Luis Rodriguez Sanchez – Little owl love

It is May in Avila in central Spain. At nightfall a pair of little owls meet on a roof to mate. At this time shortly before they deposit their eggs this behaviour can be observed often. The surrounding fields of the area provide plenty of food for the owls in the form of small mammals and insects to raise their young.

Bence Máté – Muddy claws

I took this image in February 2013 when I photographed white-tailed eagles. The fish slipped from the eagle's claws as he was taking off and dropped back into the water. That was bad luck for the eagle, but it presented me with an image that, although it displays only a fraction of a second, tells a story beyond that moment. The mud on the eagle's claws tells us how the bird has grabbed the fish in the murky water, and the water drops let us guess how the fish is going to fall back into the water directly after this shot was taken.

Jérémie Villet – Just a swan

I took this photo one evening in July. The lake and forest were completely quiet - very different to the lively activity in spring when everything in nature is ready to go. Animals were now far and few. Only a mute swan patrolled the lake nearby. Alone in its territory, the handsome male paraded proudly in the last rays of golden light. I adjusted my position so that I was facing the tall pine trees bordering the west side of the lake. To make the most of the subtle backlight illuminating the swan, I manually underexposed the shot slightly. It was one of those eternal moments that nature makes us want to share.

Michel d'Oultremont – Sheer elegance

The bearded tit lives in the reed beds along lakes and rivers. As it is not really a migrating species, the birds can also be easily observed in winter. This male looking for food circles and swings on the end of a reed blade - a surprisingly elegant show. The ice on the lake gives the image an even and bright background.

Audun Rikardsen – Eagle on the hunt

White-tailed eagles are a favourite subject with many nature photographers. Usually, these images are taken from a boat or from a hide, which no doubt leads to excellent, but by now almost conventional photographs. I wanted to try a different perspective und chose a wide-angle lens, partly to achieve a sense of close proximity, but also to include the natural environment of the eagle hunting in the Norwegian winter. When I triggered the camera, the eagle was about five metres above the water and only two and a half metres from my lens. At such close quarters I also noticed that the animal had been ring-marked 25 years ago.

Christian Ziegler (GDT) – Gardener of the rainforest

A southern cassowary feeds on the fruits of the blue quandong tree. Southern cassowaries are ratites – flightless birds – that inhabit the rainforests of northern Queensland (Australia) and southern Papua New Guinea. They are the largest fruit-eating animals around these forests (up to 1.8 m weighing up to 60 kg) and play an important role in seed distribution for many tree species. Habitat destruction and fragmentation, stray dogs as well as feral pigs have reduced the numbers of southern cassowaries in Queensland to an estimated number of 1500 individuals.

Mammals

Sven Začek – Buck in the lower right corner

In winter I was photographing roe deer searching for food in an open field under a thick layer of snow. The animals were spread out a lot which enabled me to focus on a buck with velvet antlers while the shadowy figures of the other animals created a sense of depth.

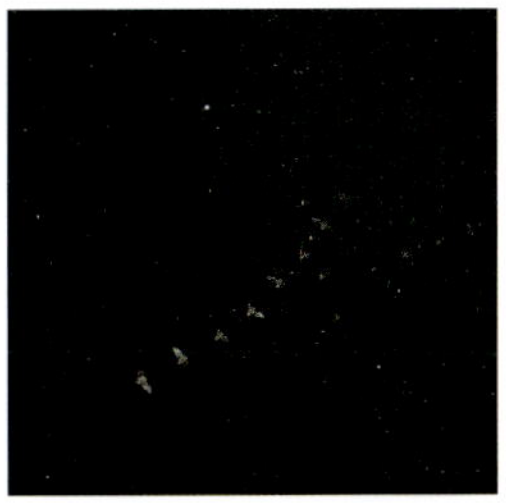

Mati Kose – Stars and bats

At the Sõrve field station on Saaremaa Island in Estonia bats are attracted by insects that are drawn by the lights of an insect trap. Using bulb exposure together with a stroboscopic flash, the flight paths of the bats are revealed before a starry sky. The 21 sec long exposure captured the starscape first and then illuminated the bats with the stroboscopic flash at the end of the exposure.

Jack Chapman – Bear nap

This image was taken on the central coast of British Columbia, Canada in a temperate rainforest. I saw this individual climb the cliff above the estuary to this ledge for an afternoon nap. The spot was well chosen as it provided the bear with a good vantage point over the estuary and also granted safety from other bears. I could see that the shapes of the cliff would make for an interesting composition.

Michael Gallagher – Black macaque portrait

Black macaques (Macaca nigra) only live on the Indonesian island of Sulawesi and some small neighbouring islands. They are critically endangered due to human interference and destruction of their habitat. I took this shot of a Sulawesi black macaque while hiking through the thick rainforest in the far north of Sulawesi Island.

Sven Začek – Diamond dust

On a sunny but crisp winter's day at -18°C, I was in a helicopter to photograph the beautiful frozen scenery, when I spotted a small herd of four moose feeding among willow bushes. The cold temperatures created ice crystals in the air that looked like diamond dust in the backlit conditions. A magical moment ...

Erlend Haarberg – Grimace

I have been feeding and photographing mountain hares near a cabin in the Norwegian mountains over a number of years. 2012 was a special year – I had four hares visiting the cabin regularly. My intention was to take portraits of the hares, trying to capture funny grimaces whenever I could. It was only April and they were not entirely white any more – they had started changing their winter coat in the middle of the month in spite of the deep snow still covering the ground at this time of the year.

Arnfinn Johansen – Hippo bull at sunrise

Sunrise in Maasai Mara, Kenya. I was at a small pond that was completely covered in a green carpet of water lettuce, and just as this hippo came up from a dive a swarm of insects took to the air. Lying on my elbows on the muddy shore with my camera gear and myself solidly planted in an indeterminate mixture of water, soil and hippo poo, I had a great superlow angle from where to photograph the hippo bull in backlight.

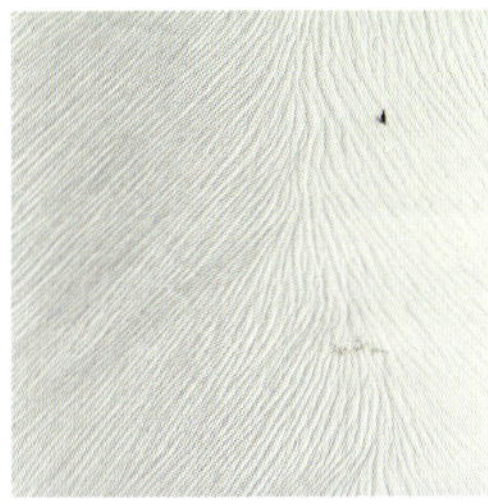

Jérémie Villet – The climb

It is midday in the French Alps. The sun beams into every corner of the valley melting the snow. Slowly the chamois retreat to quieter peaks. Only the previous day the chamois and I were caught in a severe snow storm. I climbed with them although in the driving snow all I could make out were their ghostly silhouettes. Today however, weather conditions are the opposite and I am enthralled by the scene that unfolds before me. Yesterday on the climb up, I followed the chamois closely; now from the opposite side of the valley I see them from afar. Reduced to little dark specs in a great white expanse, they are a breath-taking sight.

Marc Steichen – Badgers under starry sky

For five years I have been photographing a family of European badgers (Meles meles) not far from where I live in Luxembourg. The initially very timid animals allow me by now to photograph them at close range. To capture the nocturnal badgers in their natural environment and to add a timeless quality to the composition, I wanted to include the dark night sky with its star trails in the image. This was achieved by using the in-camera multiple exposure feature. The first image captured the badgers in a soft flash light as they left their burrow at a northern exit. The second image, a 28 minute bulb exposure, added the North Star and circling star trails.

Bruno D'Amicis (GDT) – Conversation of death

February 2012 in the Abruzzo region of central Italy was unusually cold with temperatures often dropping below -20°C and extended snowfalls that covered the landscape with several meters of snow. In these conditions, red deer and other hoofed animals were often hindered in their movements making it easier for their predators. In this image, an adult Italian wolf challenges a little herd of deer. Some scientists assume the existence of a certain „conversation of death" between predators and their prey, where the two parties basically exchange information and assess the respective status prior to the hunt so as not to waste energy.

Other Animals

Remo Savisaar – Little rhino

I live in Estonia in a region called Tartu in the southwest of the country, where I spend a lot of time in the forest. This evening I was out to photograph plants and details in the warm light of the sunset. Looking for possible subjects, I suddenly noticed a small movement on a fallen tree trunk - a rhinoceros beetle! I waited a little while for the beetle to move to a good spot and composed an image, in which I kept the beetle's silhouette small but significant.

Magdalena Wasiczek – The ghost

My images are rather impressions of colour and light than encyclopaedic documentation, and I try to include as many effects as possible in-camera when I actually take the photograph. In this case I used a Lensbaby lens in combination with a macro ring and employed backlight to create this unreal almost ghostly image of the large cabbage butterfly (Pieris brassicae) on a cornflower. My photographic work is coined by a fascination for painting and the wish to present the audience a fairytale-like view of the world, thus enabling the viewer to see life's great diversity of colours, secrets and surprises like through the unspoilt eyes of children.

Klaus Tamm (GDT) – Blue hour

A warm summer's day is coming to a close. Known for its splendour of orchids, the Swedish island of Oland, retreats for the night in the last light of the day. It is the blue hour. On my way home I discover a dragonfly resting on a grass blade for the night. Without a tripod it is difficult in these light conditions to take a sharp image of the insect. Only later at night, the computer reveals that my efforts were successful. I still think with happiness of that wonderful atmosphere that Oland has awarded us with that evening.

Marco Colombo – Burning leaf

One night I dreamt how I shot a particular photo. When I woke up, I went out and took it: the result is a leaf burning with light with a little harvestman resting on it. I was particularly attracted by the idea of strong contrast between the two halves of the leaf that I obtained with a particular way of illumination from behind the subject. The undulating surface of the leaf refracted the light differently creating the impression of flames.

Joris Grenon – River of lead

This image was taken on a winter's day between wet leaves on the ground. The tiny springtail seems to navigate its way through a river of lead looking itself like a primeval creature. Springtails are soil inhabiting hexapods colonising habitats as varied as rainforests, river banks and sand dunes.

Radomir Jakubowski (GDT) – In a forest of horsetails

Horsetails especially occur in wetland areas. These primal plants with their regular structures continuously capture my fascination. An area that I frequently visit to photograph orchids also has a little swamp where I used to linger to think about the horsetails. I never had a dazzling idea how to capture their structures appropriately in a photograph. Every image in my head seemed to have something essential missing. One evening in summer I was sitting in this spot again looking thoughtfully at the forest of horsetails. And there it was, by coincidence my image had emerged: a light marbled white butterfly amongst the dark green stems.

Csaba Daróczi – Nightflight

Last August a friend and I decided to photograph Hungary's largest moth, the Japanese silk moth (Antheraea yamamai). Not an easy task as this species lives exclusively in the oak forests of Duna-Dráva National Park and flies only by night. We set up a powerful light in the forest to attract the animals. Many moths appeared, but the silk moth kept us waiting. Finally, we discovered a female in the grass, and soon a few males turned up as well. Using the in-camera multiple exposure feature and stroboscopic flashlight, I finally managed to take this image showing the starry night sky and the moth's flight path.

David Pattyn – The long wait

In the Pantanal on a cool and calm day with a light drizzle of rain we discovered a number of spectacled caimans in a pond. The animals hardly moved at all due to the weather. I was focussing close on two animals when I noticed another caiman moving closer. I waited for the jagged tail of the animal to be in the centre background and triggered the camera. The clouds reflecting in the water's surface give the image its high-key character.

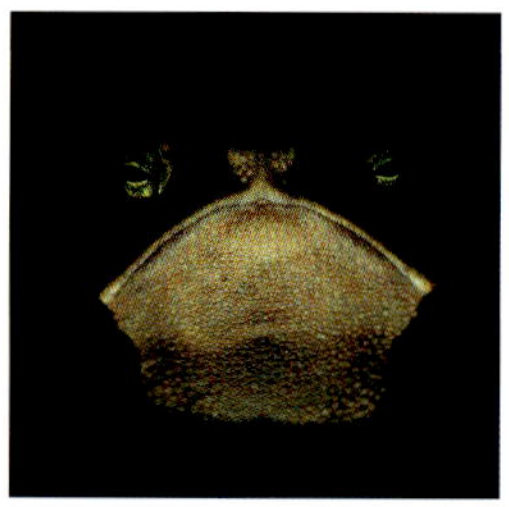

Quentin Martinez – The killer

Cane toads (Rhinella marina) are common in French Guyana. At night you can find them in dozens on the streets, near houses and even in houses. I photographed this animal at night on the footpath in Macouria in the north of the country. The light source is an LED torch that I placed on the ground to light the toad from below. Only the head was illuminated resulting in this somewhat eerie portrait.

Łukasz Bożycki – Mother of all evil

This image shows a spider which has built its web between the metal bars of a hospital window waiting patiently for prey. Due to a low depth of field, a second spider closer to the camera remains unfocused; its presence is manifested only as a shadow in the bokeh. I took this photo at night when spiders display their peak of activity. The bokeh was generated by street lights in the background.

Plants and Fungi

Stephan Amm – Amanita muscaria

On rainy days I often roam the spruce forests of the Franconian Forest. Especially in less managed places, carpets of moss build up in the wet valleys, providing habitat not only for species usually found in mixed deciduous forests, such as the salamander, but also many species of fungi. While edible fungi find their way into my basket, I always think of fly agarics as a particularly visually appealing species, so this young specimen on a green blanket caught my eye immediately.

Andrés Miguel Domínguez – Defrosted

I took this image in the nature park „Sierra de Grazalema" in Andalusia, Spain. In a field where cattle grazed, numerous little ponds occurred after heavy rainfall, providing suitable growing conditions for some eutrophic species of algae. These algae often associate with herbaceous plants, and when the ponds freeze in winter some very appealing photo opportunities emerge. When temperatures rise again in the morning, bubbles and lines appear in the ice, just as in this image. I used a macro lens because the leaves of this cranesbill (Geranium molle) species are tiny.

Klaus Tamm (GDT) – A play of light

I have walked this way often. It ends in a dense forest. Here, I have made many fascinating observations: jumping spiders on a dead tree trunk, toads between wet leaves, kingfishers flying across the nearby brook or damselflies dancing over the stream. But on this particular evening I noticed this cow-wheat raising its flowers high up. The sun had already set, but still put a magic little bit of light between the trees. Fascinated, I captured the situation with my camera. On this day in late summer it was difficult to pull myself away from this beautiful spot.

David Maitland – Starry night

Like stars in a night sky, the tiny crystalline hairs covering the leaf of Deutzia scabra serve a protective function in the plant. However, in Japan, from where these plants originate, the dried leaves make excellent ‚sandpaper' for wood polishers. This image was taken through a light microscope using polarised light to reveal the crystal-like structure of the leaf hairs. The interference colours reveal specific structures of the leaf according to their optical properties.

Luciano Gaudenzio – Cotton field under Icelandic sky

In summer the Landmannalaugar plain in Iceland looks like a cotton field - an oasis in the otherwise barren highlands. The surrounding multicoloured rhyolite mountains form a fantastic backdrop for this wetland area. Images of this frequently photographed landscape often show the contradicting extremes so typical for this region. I, however, strived for something completely different. From a very low point of view, lying in between the fluffy seed heads of the cotton grass, I captured the Leitmotif of my trip to Iceland in 2012: the leaden yet exciting and ever-changing sky.

Jose Luis Rodriguez – Mysterious puffball

It was in autumn, the time when puffballs release their spores into the air. On this particular day, it was raining in the forest, but the puffball was so well protected under the canopy of leaves that the raindrops hardly ever reached. I had to assist the release of spores a little bit and using a pipette, I put a few droplets of water straight onto it. Via an infrared barrier the rising spores then triggered the camera.

Roberto Bueno Hernández – Trails of life

In autumn the deciduous forests of Alaska and Canada are a grand sight not only for the blaze of colours of their leaves. In this case the marks left by little larvae caught my eye. The aspen leaf miner larva (Phyllocnistis populiella) ‚mines' the foliage of trembling aspen (Populus tremuloides), leaving trails of interesting patterns and intricate lines. So the autumnal forest floor turned into a fascinating new world for me that I delightfully explored with my camera.

Dorottya Géczy – Old willow

This image was taken in Hungary in the Vál valley. It shows an old willow tree on the banks of a little stream. I was fascinated by its crooked and bend shape and the beauty of its autumn colours. I took quite lot of photos for which I used the multiple exposure feature of my camera. In the end, I liked this image best. In the first shot I captured the whole tree and the second image is a close-up of the cascading foliage. As a result the leaves cover the crooked trunk like a fine curtain, lending the simple subject an impressionistic character.

Alexandra Wünsch (GDT) – Sweet gum tree in snow

The Rhineland in Germany hardly ever sees snow in early December. So I was delighted all the more when around that time Dusseldorf was hit by the first snow. Despite the cold and the snow this sweet gum tree seemed intent on keeping its leaves. The contrasting colours of the white snow and the orange-red leaves immediately caught my attention. Enthralled I took a few images of the tree in the drifting snow when a gust of wind put the first leaf on the ground.

Oriol Alamany – The frozen forest

I worked on an article for a French magazine about Garrotxa nature park in Catalonia, which is famous for its treasures of volcanic formations. As the volcanic cones are better visible from the air, I joined a balloon flight. It was a frosty morning, the balloon rose quickly and passed over the beech forest Fageda d'en Jordà. Looking down, I discovered the beauty of the frozen trees in the early blue light of this November day.

Landscapes

Samuel Pradetto Cignotto – Autumn reflections

The north face of the world famous triple peak Tre Cime di Lavaredo in Italy with their characteristic shapes offers a breath taking view. The less well-known southern slopes are not less stunning, and in this image their beauty is reflected in Lake Antorno, a blue pearl in the centre of Misurina forest. In autumn the lake is covered with leaves of the pondweed species Potamogeton nodosus, giving the water an interesting structure and me as a nature photographer the chance to shoot an image out of the ordinary.

Andreas Held (GDT) – Indian spirit

It is true, the Upper Antelope Canyon in Arizona has been photographed thousands of times, but in spite of the numerous visitors this slot canyon is indeed a magic place of fascinating shapes and colours. For generations of Navajos being part of this natural wonderland was like a spiritual experience. It is easy to feel this ‚Indian spirit' although a bit more time and tranquillity would be nice. We opted for a tour in the morning with fewer people and a Navajo guide. Because of the high contrast I took several images with different exposure settings and stacked them in an HDR image. I turned this photograph upside down as I was fascinated by the fact that with a little bit of imagination you can actually discover another mountain landscape in the image.

Simone Sbaraglia – Waterfalls on Kauai

Kauai is the oldest and most northern of all the Hawaiian islands with a spectacular wild landscape characterized by rainforests, steep cliffs and waterfalls. Inaccessible in large parts, the island is experienced best from the air and so I took this image of one of the most beautiful waterfalls of Kauai from a helicopter.

Andrew Rouse – Waterfall at Austfonna glacier

Every year I run an adventure tour to Svalbard on the M/S Stockholm. During this trip around the Svalbard Archipelago, the crow's nest of the ship offered a grand view of the surrounding glaciers. At the Austfonna glacier - Europe's largest glacier in terms of surface area - this stunning waterfall had formed that I captured with my camera.

Luis Manuel Vilariño Lopez – Black beach

This black beach in the south of Iceland juts out into the sea in the shadow of a steep mountain of almost 900 metres. I spent the afternoon exploring this bizarre landscape and looking for photographic opportunities. Just when a light sea fog moved in, I discovered this overgrown little mound in the midst of the black sand. I waited for the wind to push the clouds towards the mountains, and the soft autumnal light of the evening illuminated this magical scene.

Kerstin Langenberger (GDT) – Fire and ice

To experience the eruption of the Icelandic volcano Eyjafjallajökull was a dream come true. I was north of the volcano when in the beginning of May 2010 activity shifted and the volcano emitted less ash and, instead, a stream of lava melted its way through the glacier. I hiked many kilometres and crossed several rivers to be able to see the glowing rock in the ice. Later, in the blue hour of the midsummer night, the weather changed and clouds shrouded the scenery. For a very short moment I was rewarded with this magical view. Until today, this photograph holds my most emotional memories of this amazingly diverse eruption!

Nándor Barbalics – Finnish mood

Last September I travelled to Lapland, the Eden of nature photography, to enjoy the Nordic autumn. My impressions were shaped by lakes, spruce forests, stunning formations of clouds, spectacular sunsets, splendour, tranquillity and balance. I wanted to incorporate these feelings and sensory input in my images to capture the unique atmosphere that surrounded me. Just before a thunderstorm set in, I took this landscape image at the shores of a lake, guessing at once that this would be the highlight of my trip to Finland.

Riccardo Rimondi – Fog, steam and turquoise water

During a summer trip to Iceland, I spent a night in the geothermal area of Hveravellir in the central highlands. It is extremely rough terrain, and the area is only accessible via a 100 kilometre long dirt road passing between the glaciers of Langjokull and Hofsjokull. It had rained the whole night, and when I woke up in the morning, I captured the magic of the mist-shrouded place with my camera.

Volker Bohlmann (GDT) – Geese over bog forest

In autumn Galenbeck Lake is often wrapped in a dense fog. There are the sounds of cranes and geese from afar. Thousands of birds gather at this shallow lake in Mecklenburg-West Pomerania during the migration period. It is always a great sight when the animals depart in the morning especially when they choose to pass over the recovering fen with its dying trees. I wanted to capture the plentiful birdlife together with this landscape of such mystic air. It was not easy to find the perfect spot. The birds suddenly appeared within seconds over the trees from out of the fog. Just before the fog lifted, the geese did me the favour and flew in a v-formation directly over my head.

Georg Kantioler – Twilight over the Dolomites

With increasing frequency I take to the mountains at night. I am especially drawn when the valleys disappear under a dense layer of fog. This time I spent almost the whole night in foggy and damp conditions on the mountain. In fact, I had already marked off this nightly venture as a failure. But suddenly at dawn, a narrow window opened up between the fog in the valley and the clouds covering the mountains. It revealed the distinctive peaks of the majestic Villnöss Geisler mountains (South Tyrolean Dolomites).

Underwater World

Cristobal Serrano – Parental bonds

After I had waited a whole day, now night was falling and my patience was finally rewarded when this manatee mother and her calf (Trichechus manatus latirostris) lazily arrived at this enchanted location in the last light of the day to feed on sea grass in the shallow water. Unfortunately, these peaceful marine herbivores of 3–4 meters length, have been on the list of endangered species for several decades. Protection and conservation of their shallow coastal habitats present the only possibility to ensure the survival of the decimated populations of these beautiful, majestic yet threatened creatures.

Manex Cantalapiedra Axpe – Mediterranean landscape

This image was taken around the Medas Islands off the Spanish Mediterranean coast near Girona. The islands are part of an important underwater reserve in the Mediterranean Sea that hosts great biodiversity. The image shows a large grouper (Epinephelus marginatus) inside a cave whose walls are covered with various corals (such as Paramuricea clavata, Balanophyllia regia) and marine sponges. These many and varied marine life forms will only survive in the future if we expand those protected areas.

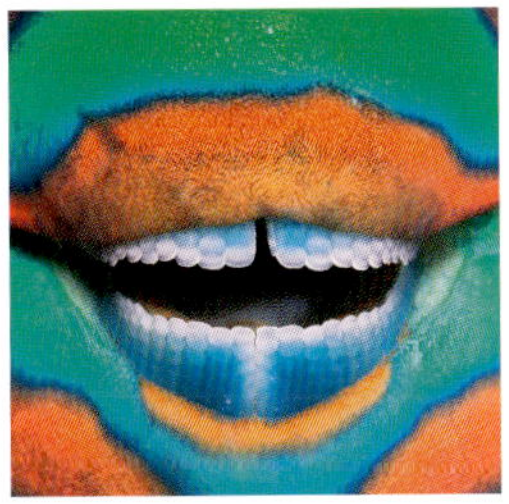

Franco Banfi – Smile

It looks like a clownish grin when the bridled parrotfish (Scarus frenatus) reveals its powerful teeth. This fish species lives off algae that it scrapes off rocks and boulders using its parrot-like beak. The number of species in the parrotfish family is large; they are wide-spread in all tropical waters. This particular species' habitat includes the Indian Ocean.

Matthew Doggett – Eye to eye

Together with my colleague Richard Shucksmith I wanted to create some gannet images that were a little different to the norm and underwater seemed like a good challenge. But unfortunately it was too early in the season for their main food item – mackerels – to be close in shore. So we set to sea in a small boat and with over 100 kg of mackerel to attract the gannets. Thanks to the fish, it did not take long to bring the gannets close to us and then it was just a matter of getting in the water. The action was fast-paced and the fish disappeared fast so our time to gain a range of images was limited. Needless to say we came away very happy!

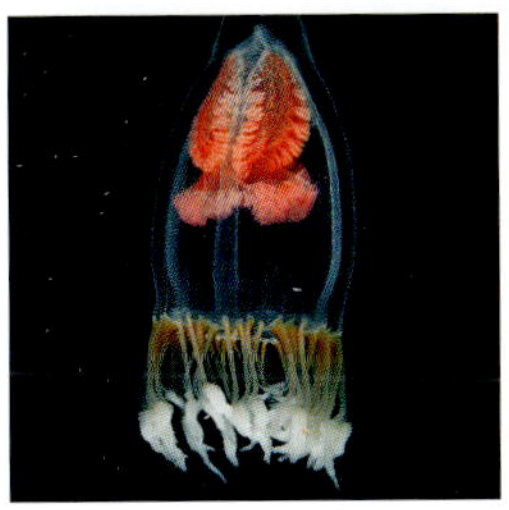

Nicholas Samaras – Alien spaceship

In the northern Aegean Sea around Chalkidiki climate conditions and currents have formed a unique marine world that offers fantastic diving spots where I continuously find out of the ordinary macro subjects. One of these spots is Akti Kalogrias, only one and a half hours from where I live. I have shot many photographs at this location. It took a little while to discover the tiny hydromedusa Pandea conica, but I was immediately enchanted by its graceful dance and the way the delicate tentacles moved the transparent bell with the bright red heart through the water.

Willem Kolvoort – A curious carp

In the shallow water of a lake I photographed carp hiding at a sandy patch between the roots of a tree. One of the carp disappeared, to suddenly return not much later from between the roots to my right, turning to face the camera and me with curiosity. I was quite puzzled; I had never been that close to a carp before.

Nicholas Samaras – Echiichthys vipera

Only they eyes and the poisonous dorsal fin stick out when a lesser weever hides in the sand: for divers always a fine subject for close-up photography, for swimmers, on the other hand, a hidden threat. I prefer the first possibility and so I was delighted when I spotted the animal in shallow water at the end of a dive. Its eyes have a fantastic effect. They look like shimmering jewels in green and blue framed by a diabolical jagged yellow. The most difficult part was choosing the best image.

Juanma Orta – Barrel jellyfish

During the summer months barrel jellyfish (Rhizostoma pulmo) can be quite common in the shallow coastal waters of the Mediterranean Sea. They gather in large groups and are often considered a threat to bathers because of the quite powerful sting of their tentacles. This species is fairly large, on average about 40 cm in diameter, with individual animals reaching up to 90 cm in diameter. Populations have significantly increased over the years, mainly due to declining numbers of their main predators, the sea turtles.

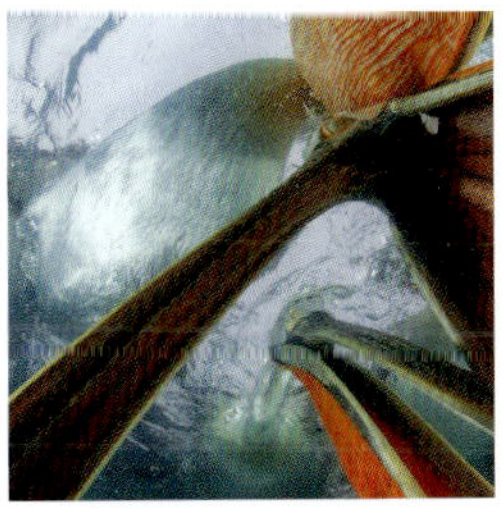

Bence Máte – „Say Aaah!"

After observing the pelicans on Lake Kerkini in northern Greece for a while, I decided to photograph them under water, although the water of the lake is actually quite murky. We built a pool of 15 cubic meters that floated in the lake and used a self made filter system to clean the lake water in the pool. I triggered the camera from a boat observing the action on a screen and adjusting the camera settings according to the continuously changing light conditions.

Cristobal Serrano – Streamlined

Marine life around the Galapagos Islands is formed by the influence of various strong ocean currents such as the Cromwell and Humboldt current. These currents bring abundant food supplies and present the perfect habitat for many pelagic creatures such as these silky sharks (Carcharhinus falciformes). At the end of a dive near Wolf Island, during a decompression stop, I came across these three silky sharks swimming in formation. The streamlined body of this predator has an exceptionally smooth skin texture which not only lends the fish the name, but makes it a very fast swimmer enabling it to follow its main prey, the tuna.

Man and Nature

Britta Jaschinski – The performance

‚Heaven of Animals brings Happiness to People' is the slogan of the Chimelong International Circus in Guangzhou, China. Three times a day, this Orang-utan (Pongo pygmaeus) steps out of his tiny cage onto the stage. He is dressed in a costume to accompany the clown. The audience claps and cheers as he shows off his ‚talent'. It's been reported that circuses across China apply cruel training regimes behind the scenes. The animals ‚work hard' to get rewarded with food simply because they are starved before the performance.

Martin Gregus – Final performance

Early in the morning we heard that a humpback whale calf had beached on the coast of White Rock (British Columbia) about 80 kilometres from where we were based. We set out immediately to capture this sad moment in time with our cameras. When we arrived, we discovered that the whale was surrounded by reporters and bystanders. For about an hour I kept wandering around looking for the best possible angle to capture this almost surreal scene. Sadly, the whale died when we were still there.

Oliver Mezger – Après Ski

I took this image in August 2012 just below Kitzsteinhorn mountain near Kaprun in Austria. Approaching the skiing area on a hike, the lovely summer idyll is rudely disrupted and changes into a quite bizarre setting, dominated by the results of exhaustive use as a winter sport area. ‚Après Ski' shows a dirty snowfield covered by plastic to prevent melting. And there is even more serious interference with nature: the upper soil layer of the remaining vegetated areas is covered with large mats to prevent erosion. To create the ski run, rock formations have been partially blown away, and broad passageways have been built to give access for heavy machinery.

Kai Fagerström – Squirrels

Not far from my summer house, there is an old broken down building in the middle of the forest that I have been visiting regularly for the past ten years to photograph its new animal occupants. Over the years I had many amazing encounters there. There is, for example, a badger's burrow right under the rotting floor boards, in whose occupants I often take great delight. This image here consists of two shots. At first I captured the squirrels on the old hearth pointing the camera through a broken window, and when they had disappeared I panned the camera to the left and took another photograph. In this way I created a panorama shot that expresses the air of this magical place quite well.

Pavel Radosta – Born to be captive

The facial expressions of great apes are so very similar to ours that they touch our soul time and again. This 11-year-old female orang-utan was born in a zoo in Great Britain and lives now in an enclosure in the Czech Republic. A whole life lived in captivity …

Britta Jaschinski – Broken bear

Seven Star Park, Guilin, China, March 2012. The Asian Black Bear (Ursus thibetanus) is listed as vulnerable on the IUCN Red List. This bear is walking on a tight rope during an animal performance in Guilin Zoo. In July 2010, the Chinese State Forestry Administration issued a directive, banning performances involving wild animals at zoos and animal parks, but in many such places across the country it is still business as usual. The cheering audience might not realize that bears do not voluntarily ride bicycles, stand on their hands and balance on tight ropes. They perform these difficult tricks because they're afraid of what will happen if they don't. This bear was pushed, pulled and hit, although he was doing what he was told to do. The bear only gets fed bits of reward food after each trick, and at no other time. I was told: 'Starve bears long enough and they are soon willing to do practically anything.'

Mark Bridger – Gandalf the great grey owl

This is Gandalf, the great grey owl. He lives in Knowsley Safari Park near Liverpool. He was born in captivity for flying displays, but it soon became clear that he is a bit peculiar as he does not like big open spaces and does not really fly. He was then given to his present owner, who, while having a new avery built for him in Knowsley, discovered that he actually prefers living in this red brick house. So this is what he does – sitting by the window and watching other birds.

Felix Heintzenberg – Green oasis

In the course of modernising agriculture, nature has been pushed to fringe areas. Many animals and plants have been left to live in habitats that are inaccessible for tractors and ploughs. This includes former marl pits filled with water that are now like little green oases in a huge agricultural desert providing a last refuge for many animal and plant species. Here residual populations of tree frogs and other amphibians, insects and birds survive that would not find suitable habitats in the surrounding intensively farmed fields.

Daniel Montero – Infinite

After driving for hours through the largest salt pan of the world, Salar de Uyuni in Bolivia, we stopped to wait for the sunset. Far, far away from everything, only salt and some clouds in the distance. Only hexagons watching the time go by. And the tracks of our 4x4. We were lucky, there were no other people around and no other wheel tracks. Only infinity … everywhere …

Roland Seitre – A home for orphaned fruit bats

On a visit to Tolga Bat Hospital in Australia I discovered a picture of young bats. I was so captivated by it that I decided to return during breeding time. We had to work fast so as not to bother the stress-prone baby bats. This image talks to everyone, although most people would not recognise the animal species involved.

Nature's Studio

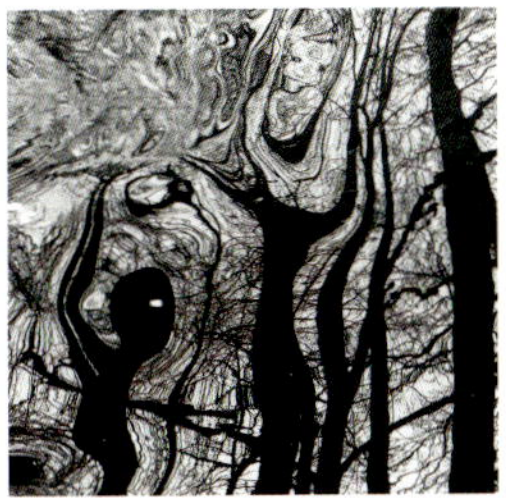

Lars Andreas Dybvik – The dance

The calm surface of a stream perfectly reflected the image of some tall trees growing along the bank. Where the water accelerated over a few stones, the surface carved slightly, bending the trees' reflections into different shapes. I moved around looking for a nice composition when I suddenly discovered the dancing figure. The eye is simply a piece of luck: some small bits of ice were floating down the river, and this particular one was at the right spot at the right time. Back home I rotated the image upside down and converted it to black and white.

Jan Smit – Ice fish

I took this photograph of a melting piece of ice at one of Iceland's most fascinating places, at the glacial lake Jökulsárlón. The lake sits at the ice tongue of Breiðamerkurjökull glacier and is the deepest lake in Iceland at 248 meter. This particularly morning in August was very calm, maybe due to the bad weather; it was foggy and rainy. I had been photographing at the lake for three days, and was now focusing on smaller pieces of ice. Employing a bit of imagination, it is easy to spot all sorts of creatures in the ice - one of them was this ice fish.

Jose Francisco Mingorance – The fabric of life

This high-key black and white image shows newly hatched wasp spiders, a species quite common in southern Europe. When they are born, the little spiders are only pinhead-sized. The almost invisible web seems to serve them as a children's swing. A few dew drops and a blade of grass complete the composition of this image.

Sylvie Sévellec Téphany – Plethoric

In a hollow in the woods a small pond has developed in autumn. Some of the water-logged trees had died due to the soggy conditions, while the surrounding trees flashed their brightest autumn colours. I used the multiple exposure feature of my camera to breathe new life into the dead trees by fusing the colourful autumnal foliage with the dead trunks. The result is this image of seemingly impressionistic character.

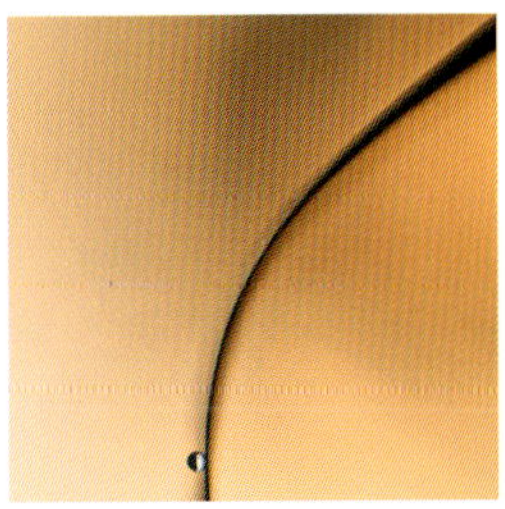

Pedro Javier Pascual Hernandez – Forms

In nature there are manifold forms, textures and colours that inspire dreams and visions, especially so when we get close and take a good look. To me, the narrow leaf with the water droplet in this minimalistic photograph is an attractive and powerful composition. Despite its simplicity I immediately recognized its great artistic potential. I spent a lot of time experimenting with points of view to find the best possible angle and shot several images, only the colours left me a bit unsatisfied. So I waited until the light got warmer and enhanced the effect of the image. Of all the images I took, I liked this one best.

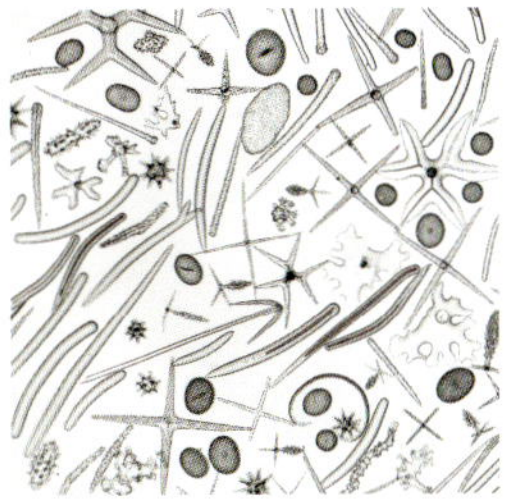

David Maitland – Natural glass

Sponges seem sessile and defenceless. But in fact, they fill their bodies with spines of silica - organic glass. Exquisitely formed into a galaxy of shapes, each form is specific to a different sponge type. These glass spicules are readily fossilized. These are from a fossil deposit in Hungary.

Daniel García Pelillo – Blue tit and blackthorn

I have been using this particular technique of photography for a number of years. In my opinion, it has two essential advantages: for one, the viewer's gaze is directed to the isolated subject against a white background without distractions, and second, such an image rather looks like a painting than a photograph. Capturing subjects like birds on a flowering branch using high-speed photography techniques creates results that breathe the air of Japanese paintings, an artistic style that has always inspired me. I find it an exciting challenge to combine today's state-of-the-art photography techniques with the aesthetics of ancient Asian artwork.

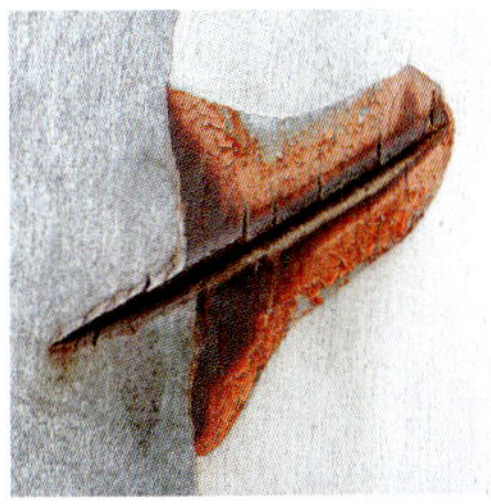

Juan Francisco Martinez Tapia – Wounded heart

This image is part of a series that reflects on eucalypt trees. I named it ‚Wounded heart' because this is how the mark appears that the tree sap created around a gaping cut in the tree's bark. Scars of time ...

Erlend Haarberg – Landeyjasandur

An aerial photography of streams and rivers at Landeyjasandur, Iceland. The branching rivers that carry glacial runoff, sand and bog iron shape intricate patterns at the estuaries at Iceland's south coast. At ground level the deltas look grey and dull; they reveal the exceptional beauty of their colourful landscape only in bird's-eye view.

Sami Karjalainen – Wing of a demoiselle damselfly

This image was taken as part of a book project on damselflies. This particular species, Vestalis melania, is found on the Philippines and probably has the most stunning wings of all the damselflies. The shimmering colours of the females' wings change with the surrounding light conditions. The depicted section of the wing is only 7 mm wide.

GDT – Gesellschaft Deutscher Tierfotografen

Wer ist die GDT?

Nahezu jedes europäische Land hat eine Vereinigung für Naturfotografie. In Deutschland ist dies seit 1971 die GDT, die „Gesellschaft Deutscher Tierfotografen". Dieser europaweit agierende gemeinnützige Verein mit über 1.200 Profi- und Hobby-Naturfotografen aus Deutschland, Europa und Übersee steht international für anspruchsvolle Tier- und Naturfotografie. Zahlreiche Förderer aus der Fotoszene, darunter namhafte Kamerahersteller und Spezialanbieter in der Naturfotografie, Verlage und Agenturen unterstützen die Ziele und die Arbeit der GDT durch Ihre Mitgliedschaft.

Die 15 Regionalgruppen und die Jugendgruppe der GDT treffen sich mehrmals im Jahr zu Diavorträgen, Seminaren, Austausch von Tipps und Erfahrungen und zu persönlichen Gesprächen mit Gleichgesinnten. Gäste sind herzlich willkommen!

Was will die GDT?

Die GDT bietet deutschen und internationalen Tier- und Naturfotografen ein vielfältig nutzbares Forum. Mit authentischen und ästhetisch ansprechenden Bildern möchte die Gesellschaft ein besseres Verständnis für die Natur wecken und so für die Belange des Naturschutzes eintreten. Ausstellungen im In- und Ausland, das jährlich stattfindende internationale Naturfoto-Festival mit Gästen und Fotografen aus der ganzen Welt, der renommierte Wettbewerb „Europäischer Naturfotograf des Jahres", Seminare, Buch- und Kalenderprojekte sowie das eigene Magazin „Forum Naturfotografie" transportieren das Anliegen der Gesellschaft und dokumentieren das hohe Niveau der deutschen und europäischen Naturfotografie. Die GDT wird u.a. unterstützt durch das Bundesamt für Naturschutz, das für Wettbewerbe, Aktionen und Ausstellungen die Schirmherrschaft übernimmt.

Mitglieder und Mitgliedschaft

GDT-Mitglied werden kann jeder in Form einer Fördermitgliedschaft. Wer Vollmitglied werden möchte, muss sich mit 20 Tier- und Naturbildern bewerben. Bewertungskriterien sind neben dem Motiv vor allem die Bildgestaltung und die fotografische Leistung. Dass die Authentizität dabei im Vordergrund steht und manipulierte Dokumente keine Chance haben, versteht sich für uns von selbst. Die Achtung vor der Natur ist für GDT-Mitglieder oberstes Gebot bei ihrer fotografischen Arbeit.

Geschäftsstelle
Karen Korte
Körnerstr. 4
24103 Kiel
Fon: +49 (0)431 - 9 06 63 64
karen.korte@gdtfoto.de

Präsident
Michael Lohmann
Kolpingstr. 33
48565 Steinfurt
Fon: +49 (0)2552-97 77 7
kontakt@michael-lohmann.de

Vizepräsidentin
Ariane Müller
Hauptstraße 168
55246 Kostheim
Fon: +49-(0)6134-64 926
ariane.mueller@gmx.net

Vizepräsident
Stephan Fürnrohr
Vilsgasse 3
93183 Kallmünz
Fon: +49-(0)171-7108911
stephansd@mac.com

Schatzmeisterin
Marion Vollborn
Blasberg 1c
51399 Burscheid
Fon: +49-(0)151-58 06 02 77
eMail: gdt@ma-vo.de

Mitglied des Vorstandes
Eberhard Giese
Addinggaster Weg 30
26506 Norden
Fon: 04931 – 4453
giese.gdt@gmx.de

Mitglied des Vorstandes
Paul M. Kornacker
Jülicher Ring 85
53913 Swisttal
Fon: +49-(0)1522-16 57 636
eMail: pkornacker@aol.com

Bankverbindung
Sparkasse Birkenfeld
BLZ 562 500 30
Konto 64 777

www.gdtfoto.de

GDT Naturfotograf des Jahres 2013
Hermann Hirsch, GDT – „Abendidylle"

Jedes Jahr veranstaltet die GDT für ihre Mitglieder auch einen internen Fotowettbewerb, bei dem Preise in ähnlichen Kategorien vergeben werden wie beim Wettbewerb „GDT Europäischer Naturfotograf des Jahres". Eine Vorauswahl von zehn Bildern pro Kategorie wird auf der jährlichen Mitgliederversammlung gezeigt. Die Teilnehmer der Veranstaltung bestimmen dann die Platzierungen. Das Foto des Gesamtsiegers 2012 stellen wir Ihnen hier vor:

„Mitten in einer so vom Menschen geprägten Stadt wie Dortmund eine Fähe bei der Aufzucht ihrer Jungen zu beobachten, war bis jetzt eines der schönsten Erlebnisse, welche ich in der Natur hatte. Insgesamt acht kleine Füchse tummelten sich vor dem Bau, der keine zwei Minuten von mir entfernt lag. So kam es, dass ich jeden Tag für mehrere Stunden vor Ort war, um das Geschehen zu beobachten und natürlich auch, um Fotos zu machen. Der größte der jungen Füchse ist auf der auf dem Foto. Er war es, der als letzter aus dem Bau kam und auch mir gegenüber das größte Misstrauen hegte. Während sich eines Abends direkt vor meinen Füßen die kleineren und vorlauteren Füchse zankten und balgten, guckte ‚der Große' bloß der untergehenden Junisonne zu. Eine Naturidylle mitten im Ruhrgebiet!"

Hermann Hirsch

▶

Canon 1D Mark III, Canon 4.0/500mm IS, 1/125, f 4.5, ISO 400, Stativ

Oriol Alamany
Llull, 182, P1
08005 Barcelona – Spanien
fon: +34 609 43 12 26
oriolalamany@gmail.com
www.alamany.com

Stephan Amm
Melchior-Otto-Platz 1
96317 Kronach – Deutschland
fon: +49 (0)151-12748118
chief@mescamesh.com
http://naturfranken.de

Franco Banfi
Via Camana 7
6965 Cadro – Schweiz
fon: +41(0)919435694
info@banfi.ch
www.banfi.ch

Nándor Barbalics
Fejér Lipót u. 16.
1115 Budapest – Ungarn
fon: +36703176366
nandor.barbalics@t-online.hu
www.barbalicsnandor.hu

Volker Bohlmann
Milchsteig 55
19217 Rehna – Deutschland
fon: +49(0)1635513097
vbohlmann@t-online.de
www.fotografen-mecklenburg.de

Theo Bosboom
Karthuizerstraat 37
6824 KB Arnhem – Niederlande
fon: +31 611 012 909
info@theobosboom.nl
www.theobosboom.nl

Łukasz Bożycki
Malej Laki 74 / 23
02-793 Warsaw – Polen
fon: +48600435669
bozycki@gmail.com
www.bozycki.pl

Mark Bridger
12 meadowbank mews
me19 6qj West Malling – Großbritannien
fon: +44 (0)7881581561
mark.bridger68@gmail.com
www.bridgephotography.co.uk

Roberto Bueno Hernández
Gregal 16
43890 Hospitalet del Infante – Spanien
fon: +34 665 07 13 17
info@robertobueno.com
www.robertobueno.com

Manex Cantalapiedra Axpe
Kasino 7 5ºB
20800 Zarautz – Spanien
fon: +34639975913
meflod@gmail.com
http://www.flickr.com/photos/manexfoto/

Jack Chapman
18 Lydgate Court
S10 5FJ Sheffield – Großbritannien
fon: +44 (0)7896704974
jackpbchapman@tiscali.co.uk
jack.richardkchapman.co.uk

Stefan Christmann
Friedrichstraße 8
73312 Geislingen/Steige – Deutschland
fon: +49 (0)170-7727079
stefan.christmann@gmx.de
http://www.nature-in-focus.de

Marco Colombo
via Biancardi 17
21052 Busto Arsizio (VA) – Italien
fon: +39 3404115256
oryctes@libero.it
www.calosoma.it

Bruno D'Amicis
Piazza Pompei 14
00183 Rome – Italien
fon: +39 3392968520
bruno.damicis@fastwebnet.it
www.brunodamicis.com

Csaba Daróczi
Kiss E. u 27.
6230 Soltvadkert – Ungarn
fon: +36 6361744
daroczics@gmail.com
www.daroczicsaba.hu

Matthew Doggett
165 Oakwood Drive, Lordswood
SO16 8EL Southampton – Großbritannien
fon: +44(0)7773 396984
mattdoggett@hotmail.com
www.earthinfocus.com

Andrés Miguel Domínguez
Urbanización Coto Mulera 87
11600 Ubrique – Spanien
fon: +34 619953844
andres@dendrocopos.com
www.dendrocopos.com

Michel d'Oultremont
Rue René Evrard n°5
1473 Glabais – Belgien
fon: +32 (0)472262004
micheldoultremont@hotmail.com
www.micheldoultremont.com

Lars Andreas Dybvik
Nordre Hallsetveg 72c
7023 Trondheim – Norwegen
fon: +47 922 37 100
kaffelars@uskarp.no
www.uskarp.no

Kai Fagerström
Piisirpinkatu 18
24130 Salo – Finnland
fon: +358447240108
kai.fagerstrom@evl.fi
www.kafa.fi

Michael Gallagher
3 Gun House, 122 Wapping High Street
E1W2NL London – Großbritannien
fon: +44 (0)7909934523
michael.t.gallagher@rbs.com
www.abovebelowbeyondimages.com

Daniel García Pelillo
C/ Cerro Colgado 10
28470 Cercedilla (Madrid) – Spanien
fon: +34 918521232 / 696596926
danielgpelillo@gmail.com
danielgpelillo.com

Luciano Gaudenzio
Via Julia, 114
33070 Budoia (PN) – Italien
fon: +39 348 3555926
lgaudenzio@naturalight.it
www.naturalight.it

Dorottya Géczy
Almássy tér 16
1077 Budapest – Ungarn
fon: +36 204666719
dorottya.geczy@gmail.com
www.geczydorottya.hu

Martin Gregus
Haydnova 12
81103 Bratislava – Slowakei
fon: +1 (778) 858-6016
martinjr@martingregusjr.com
www.martingregusjr.com

Joris Grenon
36 Route de craque
33380 Mios – Frankreich
fon: +33 (0)682360569
joris-jo@hotmail.fr
http://www.jorisgrenon.com

Erlend Haarberg
Olderv.6
7058 Jakobsli – Norwegen
fon: +4799263230
erlehaar@frisurf.no
www.haarbergphoto.com

Felix Heintzenberg
Oesten Undens Gata 192
22762 Lund – Schweden
fon: +46709459877
felixheintzenberg@hotmail.com
www.heintzenberg.com

Andreas Held
König-Heinrich-Str. 36
69412 Eberbach – Deutschland
fon: +49 (0)6271945792
andreasheld@t-online.de
www.naturfoto-held.de

Pål Hermansen
Siggerudveien 908
1400 Ski – Norwegen
fon: +4791609350
palhermansen@hotmail.com
www.palhermansen.com

Hermann Hirsch
Baroper Bergstr. 6
44227 Dortmund – Deutschland
fon: +49 (0)17631251104
hermann.hirsch@gmx.de
www.hermann-hirsch.de

Radomir Jakubowski
Danziger Straße 9
66121 Saarbrücken – Deutschland
fon: +49 (0)1725286262
radubowski@googlemail.com
www.naturfotocamp.de

Britta Jaschinski
123 Landells Road
SE22 9PJ London – Großbritannien
fon: +44 (0)781 803 7261
britta.2@btinternet.com
www.brittaphotography.com

Arnfinn Johansen
Gamle Røislivegen 40
2611 Lillehammer – Norwegen
fon: +4797671870
aj@styrmand.no
www.arnfinnjohansen.com

Georg Kantioler
Dorfstr. 8
39040 Feldthurns – Italien
fon: +39 335 7602818
georg@kantioler.it
www.kantioler.it

Sami Karjalainen
Neidonpuistontie 6 D 8
02400 Kirkkonummi – Finnland
fon: +358408617191
sk@korento.net
www.caloptera.com

Willem Kolvoort
Hessenweg 100
8051 LE Hattem
Niederlande
fon: +31(0)38 4441815
kolphot@hetnet.nl

Mati Kose
Metsa 19
86001 Häädemeeste – Estland
fon: +372 5 236 926
mati.kose@gmail.com
http://matikose.photoshelter.com/

Kerstin Langenberger
Sottenbacher Str. 21
53797 Lohmar
Deutschland
k-langenberger@gmx.de
www.nordicdreamscapes.com

David Maitland
16 Bell Street
IP26 4AL Feltwell – Großbritannien
fon: +44(0)1842 828412
dpmaitland@gmail.com
www.davidmaitland.com

Quentin Martinez
6d rue pittot prolongée, app D13 résidence
jean bouin, 30000 Nîmes – Frankreich
fon: +33 (0)694453432
quentinmartinezphoto@gmail.com
http://www.quentinmartinez.com/

Juan Francisco Martinez Tapia
Rosalia de Castro, 6
04740 Roquetas de Mar, Almeria
Spanien
fon: +34678523365
juanicotapia@hotmail.com

Bence Máté
Mezö u. 2/b
6769 Pusztaszer – Ungarn
fon: +36204166002
photocompetitions@matebence.hu
www.matebence.hu

Oliver Mezger
Vogelsang 37
76229 Karlsruhe – Deutschland
fon: +49 (0)721-4644480
olmezz@t-online.de
http://www.heidelbergerstadtfotograf.de/

Jose Francisco Mingorance
Avd/ Mediterraneo casa sol numero 4
18690 Granada – Spanien
fon: +34958882092
jfranciscomingorance@gmail.com
www.franciscomingorance.es

Daniel Montero
Hoya del Pedregal 68.
35018 Las Palmas de Gran Canaria –
Spanien, fon: +34639243685
danielmontero36@yahoo.es
www.danielmontero.com

Alexander Mustard
61 Swan Gardens
PE1 4SB Peterborough – Großbritannien
fon: +44 78 76 523 110
alex@amustard.com
www.amustard.com

Zoltán Gergely Nagy
21 Traian Mosoiu
540039 Targu Mures – Rumänien
fon: +40724032166
info@zoltan-nagy.com
www.zoltan-nagy.com

Juanma Orta
Entença, 130
08015 Barcelona – Spanien
fon: +34 629519854
juanma.orta@gmail.com
juanmaorta.com

Pedro Javier Pascual Hernandez
c/ san francisco 56
44001 Teruel – Spanien
fon: +34647699139
parquetsfuentebuena@gmail.com
www.pjpobjetivonatural.es

David Pattyn
Eikenven 7
5062AD Oisterwijk – Niederlande
fon: +31652008794
davidpattyn@hotmail.com
www.dpwildlife.com

Samuel Pradetto Cignotto
Via Giuseppe Zampol 8
32040 San Pietro di Cadore – Italien
fon: +393407657135
samuel.prade@libero.it
www.samuelpradetto.it

Pavel Radosta
Bolzanova 3
618 00 Brno
Tschechien
fon: +420 602 709 671
pavel.radosta@seznam.cz

Audun Rikardsen
Skagesundveien 67
N-9010 Tromsø – Norwegen
fon: +4792443354
audun.rikardsen@uit.no
www.audunrikardsen.com

Riccardo Rimondi
via Codronchi, 26
40016 San Giorgio di Piano (BO) – Italien
fon: +39 3389305556
riccardorimondi@gmail.com
www.riccardorimondi.it

Jose Luis Rodriguez
Rio Cea 1, C-5
05004 Avila – Spanien
fon: +34654548337
joseluis@joseluisrodriguez-fotografo.com
www.joseluisrodriguez-fotografo.com

Andrew Rouse
42 Mountain Rd, CF83 1HL Caerphilly,
Glamorgan – Großbritannien
fon: +44 (0)7768-586288
andyrouse@mac.com
www.andyrouse.co.uk

Nicholas Samaras
Lazarou Tsami 14, Ano Toumba
54352 Thessaloniki
Griechenland
info@underwater-photography.gr
http://www.underwater-photography.gr

Remo Savisaar
Vasula 19-17
60535 Vasula – Estland
fon: +37256672371
remo@moment.ee
blog.moment.ee

Simone Sbaraglia
Via Mario Musco 16
00147 Rom – Italien
fon: +393484609180
simone@simonesbaraglia.com
www.simonesbaraglia.com

Roland Seitre
1 rue du commerce
37370 Marray – Frankreich
fon: +33(0)247563507
seitre@free.fr
www.seitre.com

Cristobal Serrano
P.O. Box 699
03080 Alicante – Spanien
fon: +34609035033
cristobal@cristobalserrano.com
www.cristobalserrano.com

Sylvie Sévellec Téphany
9 rue de l'embarquement
95800 Cergy le haut – Frankreich
fon: +33(0)684836495
sylvie.sevellec@free.fr
www.sylviesevellec.fr

Jan Smit
Weereweg 102
1732 LN Lutjewinkel – Niederlande
fon: +31(0)653551701
jan@smitinbeeld.nl
www.smitinbeeld.nl

Marc Steichen
rue Principale, 35
8612 Pratz – Luxemburg
fon: +352621379834
photo@marcsteichen.com
www.marcsteichen.com

Klaus Tamm
Zur Waldkampfbahn 99
42327 Wuppertal – Deutschland
fon: +49 (0)17615698372
btamm1@aol.com
www.tamm-photography.com

Luis Manuel Vilariño Lopez
Dornas 21 A, Bergondo
15166 A Coruña – Spanien
fon: +34629231084
luisvilarinho@yahoo.es
www.thedramaticlight.com

Jérémie Villet
Ferme de Fresnay
78890 Garancières – Frankreich
fon: +33 (0)627837132
contact@jeremievillet.com
www.jeremievillet.com

Magdalena Wasiczek
Waltera 4
32-540 Trzebinia – Polen
fon: +48 608097687
magdalena.wasiczek@gmail.com
www.magdawasiczek.pl

Alexandra Wünsch
Jakob-Kneip-Str. 24
40595 Düsseldorf – Deutschland
fon: +49(0)174-7932546
info@einblick-natur.de
www.einblick-natur.de

Sven Začek
Hariduse 6-8
60512 Korvekula – Estland
fon: +3725206355
sven@zacekfoto.ee
www.zacekfoto.ee

Christian Ziegler
401 Ave. Roosevelt
Panama City – Republic of Panama
fon: +507 6863 7585
zieglerphoto@yahoo.com
www.naturphoto.de

Impressum

Umwelthinweis:
Der Inhalt dieses Buches wurde auf Papier
mit chlorfrei gebleichtem Zellstoff gedruckt.
Das Einbandmaterial ist recyclebar.

Die Deutsche Bibliothek – CIP Einheitsaufnahme

GDT Europäischer Naturfotograf des Jahres
und Fritz Pölking Preis 2013
Steinfurt, Tecklenborg Verlag, 2013
ISBN: 978-3-944327-04-4

Redaktion und Layout: Sandra Bartocha
Textredaktion: Werner Bollmann
Übersetzung: Alexandra Korte
Wettbewerbsleitung: Marc Hesse
Gesellschaft Deutscher Tierfotografen e.V.
www.gdtfoto.de

1. Auflage 2013

Siemensstraße 4, D-48565 Steinfurt

Gesamtherstellung:
Druckhaus Tecklenborg, Steinfurt

ISBN: 978-3-944327-04-4